Autor książki: Natalia Gacka-Dressler

Współpraca w opracowaniu przepisów: Justyna Kubiak

Część położnicza: Katarzyna Płaza-Piekarzewska

Redakcja: Iwona Baturo | baturo.pl

Korekta: Katarzyna Zioła-Zemczak

Skład i przygotowanie do druku: Iwona Baturo | baturo.pl

Projekt graficzny okładki: Maciej Pieda

Zdjęcia:

Wydanie I

Wydawnictwo Dragon Sp. z o.o.
ul. Barlickiego 7
43-300 Bielsko-Biała

www.wydawnictwo-dragon.pl

Wyłączny dystrybutor:
TROY-DYSTRYBUCJA sp. z o.o.
al. Solidarności 115/2
00-140 Warszawa
tel./faks 22 725 78 12

Oddział
ul. Kręta 36,
05-850 Ożarów Mazowiecki

Zapraszamy na zakupy na: www.troy.net.pl
Znajdź nas na:
www.facebook.com/TROY.DYSTRYBUCJA

ISBN 978-83-7887-443-0 (oprawa zintegrowana)
978-83-7887-557-4 (oprawa miękka)

Co **znajdziesz** w książce, czyli **spis** treści

Wielka zmiana, baby is coming

Wiele aktywnych kobiet obawia się ciąży, myśląc, że będzie musiało zmienić styl życia, ograniczyć ćwiczenia i wprowadzić dietę podporządkowaną rozwijającemu się płodowi. Przez całe życie uprawiałam różne dyscypliny sportu, m.in. taniec, gimnastykę, pływanie, biegi i fitness. Nigdy nie miałam problemów z sylwetką, dbałam, aby moje ciało było atletyczne, ale jednocześnie kobiece. Temat ciąży był mi znany wyłącznie z podręczników medycznych, z którymi miałam do czynienia na studiach. Na dziecko nie byłam gotowa – starty w zawodach, studia i praca zawodowa w ogóle temu nie sprzyjały. Życie pozwoliło mi dojrzeć do tej decyzji, zaplanować moment, kiedy będę mogła zwolnić tempo i przygotować się do bycia mamą.

Zaczynając pisać ten poradnik, byłam w 16 tygodniu ciąży. Nadal nie mogłam w to uwierzyć – pragnęliśmy wraz z mężem mieć dziecko, nie wierzyliśmy jednak, że uda się to nam tak szybko! Jestem bardzo podekscytowana nową rolą. Cieszę się z bycia ciężarną, a także z tego, że za kilka miesięcy swoje życie będę mogła dzielić z kolejnym człowiekiem, którego już kocham, choć do tej pory widziałam go jedynie na zdjęciach USG.

Ta książka to mój dzienniczek ciążowy. Znajdziesz w nim wszystkie sytuacje, z jakimi przyszło mi się zmierzyć podczas ciąży, przemyślenia – te pozytywne i negatywne, porady żywieniowe dotyczące komponowania posiłków, suplementacji i radzenia sobie w sytuacjach kryzysowych. Zamieściłam tu również rady zaprzyjaźnionej położnej oraz informacje o aktywności fizycznej ciężarnych kobiet wraz ze specjalnie opracowanymi planami treningowymi.

Zapraszam cię do aktywnego i zdrowego przeżywania ciąży.

Pierwszy trymestr ciąży

Natalia Gacka-Dressler by Happy mum

SAMOPOCZUCIE

Kiedy rozpoczynałam pracę nad tą książką, przeżywałam najcudowniejszy emocjonalnie i fizycznie czas w swoim życiu. Byłam w 16 tygodniu ciąży. Tak świetnie nie czułam się jednak od początku. Trzy pierwsze miesiące ciąży określiłabym jako okres nieustającej choroby, choroby, z którą pierwszy raz w życiu nie potrafiłam sobie poradzić. Codziennie mdłości, zawroty głowy, ospałość (nawet do 15 godzin na dobę), problemy z jedzeniem (brak apetytu przeradzający się w pragnienie wyłącznie zupy ogórkowej – serio!), bóle podbrzusza i wciąż zmienne humorki spowodowane burzą hormonów (od porannego zdenerwowania po wieczorny płacz)... Od świtu do nocy, każdego dnia, walczyłam z takimi objawami, starając się myśleć pozytywnie: w końcu przecież musi to minąć! Oczywiście miałam momenty spokoju, tzw. lepsze dni. Zrzucałam wtedy piżamę, wskakiwałam w fajne ciuchy, robiłam makijaż i odwiedzałam przyjaciół.

Wcześniej krytykowałam kobiety, które określały ten stan jako chorobę. Uważałam wręcz, że to grzech oceniać takimi kategoriami stan błogosławiony i że po prostu dziewczyny te przesadzają. Teraz, mądrzejsza o własne doświadczenia, wiedząc, jak niby niewinne objawy mogą utrudniać codzienność, jestem w stanie je zrozumieć.

Nie pamiętam, kiedy czułam się bardziej nieatrakcyjna niż w pierwszym trymestrze ciąży! Pomyślisz, że ewidentnie przesadzam, bo niejedna kobietka chciałaby wyglądać jak ja wtedy. Pewnie tak, każda z nas ma jednak inne poczucie estetyki, kobiecości i pewności siebie. Ciągłe siedzenie w domu powodowało, że zgromadzoną nadwyżkę energii kierowałam na najbliższą mi osobę, czując się coraz gorzej sama ze sobą.

WYSIŁEK FIZYCZNY

Jak osłabienie wpłynęło na mój nastrój, łatwo się domyślić. Sport został zastąpiony walką z dolegliwościami, na samą myśl o ćwiczeniach i zdrowej diecie robiło mi się niedobrze. Próbowałam wychodzić na spokojne spacery, rozciągać się w domu lub na siłowni. Tylko prowadzone przeze mnie warsztaty treningowe pozwalały mi nie zapominać o aktywności fizycznej, zajęcia prowadziłam jednak w zupełnie innej formie niż dotychczas. Poza cotygodniowymi wyjazdami i obcowaniem z aktywnymi ludźmi podczas różnych eventów, mój świat zmienił się diametralnie.

Początkowo byłam zrozpaczona swoją zerową aktywnością. Jak to możliwe, że tak aktywny wariat jak ja, nagle przeobraził się w ledwo dyszącą roślinkę? Brak ruchu i problemy z jedzeniem wpłynęły na mój wygląd zewnętrzny, a moja samoocena poleciała w dół. Żadna forma aktywności fizycznej nie sprawiała mi radości. Dziś wiem, że to nic nienormalnego. Jeśli masz podobnie, nie walcz z tym! Nie jesteś w stanie wyeliminować wszystkich objawów, z jakimi mierzy się ciało i psychika w pierwszym trymestrze ciąży. Trzeba to przeczekać – kolejne tygodnie błogosławionego stanu są cudownym wynagrodzeniem początkowej męczarni.

Jeżeli nie masz problemów zdrowotnych i funkcjonujesz jak w okresie sprzed ciąży, super! Zachęcam cię w takim razie do aktywnego spędzania każdego dnia. Ruch pozytywnie wpłynie i na ciebie, i na rozwijające się dziecko. Przede wszystkim cudownie poprawisz swoje samopoczucie. To zasługa wydzielanych przez mózg endorfin, zwłaszcza hormonu szczęścia, który obniża poziom kortyzolu, czyli hormonu stresu. Będziesz też lepiej spała, a dzięki temu czuła się bardziej wypoczęta. Wielogodzinne lenistwo na kanapie nie zawsze wpływa korzystnie na wydolność organizmu kobiet ciężarnych, skutek bywa często odwrotny od zamierzonego, można poczuć się jeszcze bardziej ospałą i zmęczoną.

Umiarkowany wysiłek fizyczny w ciąży daje wiele korzyści. Polepsza kondycję, pracę serca, płuc oraz mięśni. Ćwicząc, wzmacniamy obolałe plecy, a dzięki odpowiedniemu rozciąganiu minimalizujemy napięcie mięśniowe i przygotowujemy ciało do porodu. Pobudzamy metabolizm i usprawniamy pracę jelit, co przekłada się na brak problemów z wypróżnianiem. Ale to nie wszystko! Zdrowy tryb życia w ciąży pozwala szybciej wrócić do formy po porodzie. Pamięć mięśniowa ćwiczących kobiet ułatwia odzyskanie zgrabnej sylwetki. Nie byłaś aktywna przed ciążą? Trudno, teraz jest najlepszy moment, by włączyć ruch w swoją codzienność i aktywnie przeżyć te 9 miesięcy.

Zachęcam do aktywności fizycznej w ciąży, czy zatem czas na fitnessowe szaleństwo?

Absolutnie nie! Przyznam, że panująca moda na fit mamuśki, które aż do rozwiązania wykonują ciężkie ćwiczenia siłowe, biegają, uprawiają sztuki walki itd., mnie przeraża. Czy warto tak ryzykować? Jest tyle innych wspaniałych form aktywności fizycznej, które wymagają zaangażowania i perfekcji od matki, ale jednocześnie są o wiele bezpieczniejsze dla dziecka. Przecież i tak przytyjesz w ciąży, w trzecim trymestrze będziesz słabsza, mniej wydolna, a czasem bezsilna. Warto dbać o siebie i ćwiczyć, ale z głową! Wysiłek fizyczny nie może być wykonywany na takim samym poziomie jak przed ciążą, warto zmniejszyć jego intensywność o połowę. Teraz nie liczysz się wyłącznie ty, ale WY! Dziecko w łonie potrzebuje energii, by prawidłowo się rozwijać, twoje pajacyki czy maratony siłowe mu nie pomagają.

WARTO ĆWICZYĆ KILKA RAZY W TYGODNIU,
oczywiście stosując się do zaleceń i przeciwwskazań lekarza prowadzącego ciążę! Niemowlęta aktywnych kobiet częściej rodzą się z prawidłową masą urodzeniową i szybciej dochodzą do siebie po wstrząsie, jakim jest dla nich poród. Ćwiczące kobiety w ciąży wpływają na siłę umysłu swoich dzieci. Jak wskazują badania, dzieci takich matek odznaczają się większym ilorazem inteligencji. Poza tym są mniej zestresowane otaczającym je światem, rzadziej mają ataki kolki i łatwiej przesypiają całą noc.

Pamiętnik ciąży

wklej swoje zdjęcie
sprzed ciąży

Ostatnia miesiączka (data):

Przewidywana data poczęcia:

Przewidywana data porodu:

PIERWSZY MIESIĄC

Nie dostałaś miesiączki, czujesz się „dziwnie", masz przeczucie... Robisz test ciążowy i... tak, jesteś w ciąży. Przypomnij sobie i zapisz, jakie miałaś wtedy myśli, jak czułaś się fizycznie i psychicznie, co cię niepokoiło albo czego się obawiałaś.

Po czym poznałaś, że jesteś w ciąży (pierwsze objawy)

Jestem w ciąży! Moje pierwsze odczucia

Co na to przyszły tata?

Pamiętnik ciąży

wklej swoje zdjęcie
z pierwszych tygodni ciąży

Z WIZYTY LEKARSKIEJ

- twoja waga:
- twoje ciśnienie:
- zalecenia lekarskie:

DRUGI MIESIĄC

Zaczynasz przyzwyczajać się do nowej sytuacji. Zauważasz też pierwsze zmiany w ciele spowodowane hormonami. W tym okresie ciąży zwykle pojawią się przykre poranne nudności, zmiany nastroju, a nawet problemy ze snem.

Moje samopoczucie

Co muszę lub chcę zmienić w swoim stylu życia

Pamiętnik ciąży

wklej zdjęcie
z pierwszego USG

Z WIZYTY LEKARSKIEJ

- zweryfikowana data porodu:
- kiedy usłyszałam bicie serca dziecka:
- notatki:

TRZECI MIESIĄC

Większość osób nawet jeszcze nie zauważa, że jesteś w ciąży, ty jednak możesz się czuć zmęczona i fizycznie, i psychicznie. Huśtawki nastrojów dają się we znaki nie tylko tobie, ale i twoim bliskim. Dobra wiadomość jest taka, że wkrótce wszystko to minie!

Moje ciążowe zachcianki

Co sprawia mi zadowolenie?

Czym się martwię?

Drugi trymestr ciąży

Natalia Gacka-Dressler by Happy mum

SAMOPOCZUCIE

Drugi trymestr to całkowita zmiana sytuacji. Co takiego się wydarzyło? Przede wszystkim oswoiłam się z sytuacją – minęło odpowiednio dużo czasu, abym zaakceptowała nową siebie. Marzyłam o dziecku i byłam uszczęśliwiona, widząc, jak cudownie rozwija się moja Fasolka, często jednak przychodziły gorsze dni, a obserwacja zmieniającego się ciała – z sucharka na bardziej zaokrąglone – chwilami mnie dobijała. Na obrót sytuacji wpłynął też urlop; w końcu wypoczęłam i zapomniałam o codziennych sprawach. Najważniejszą jednak przyczyną było wspaniałe samopoczucie, które wróciło z dnia na dzień!

Pozytywne nastawienie i chęć do życia, ochota na umiarkowaną aktywność, brak mdłości i zawrotów głowy, możliwość spożywania regularnych posiłków sprawiają mi tyle radości. Wiara i pozytywne myślenie, którymi kieruję się przez całe swoje życie, czynią cuda! Mam nadzieję, że tak jak ja, w drugim trymestrze ciąży czujesz się świetnie i czerpiesz radość z tego stanu.

WYSIŁEK FIZYCZNY

Wraz z rozpoczęciem drugiego trymestru powróciła ochota i siła do ćwiczeń. Choć przez całe życie byłam aktywną osobą, prawie trzymiesięczna przerwa odbiła się na mojej kondycji i przyniosła osłabienie mięśni. Dzięki wieloletniemu doświadczeniu trenerskiemu wiedziałam, że podjęcie ciężkich i długotrwałych treningów przyniesie mi wyłącznie ból i zniechęcenie. Co najgorsze, takim bezmyślnym postępowaniem mogłabym pogorszyć stan dziecka. Do stanu, który pozwoliłby mi poczuć się jeszcze lepiej, musiałam powrócić małymi krokami. I tak zrobiłam.

Jeżeli nie wiesz, jaka aktywność fizyczna będzie dla ciebie najlepsza, oto lista sportów zalecanych i przeciwwskazanych w ciąży.

POLECANE FORMY AKTYWNOŚCI DLA CIĘŻARNYCH KOBIET

- **Nordic walking – doskonałe cardio na świeżym powietrzu:** spacery czy intensywniejsze marsze w terenie powinny być podstawową rekreacją ruchową każdej ciężarnej. Są one bowiem najbezpieczniejsze, nie wymagają obecności o określonej godzinie, jak na zajęciach grupowych, i nic nie kosztują. Już 10-minutowy spacer do sklepu albo z psem wpływa korzystnie na organizm. Polecam uprawianie marszów z użyciem specjalistycznych kijków, które stabilizują ciało i pozwalają na intensywniejszą i rytmiczniejszą pracę mięśni. Trening w terenie doskonale dotlenia i mamę, i maluszka. Sama jestem zachwycona tą formą aktywności!

- **Joga, pilates – trochę dla ciała, trochę dla ducha:** obie formy zajęć wymagają koncentracji, jednocześnie odprężają i wzmacniają oraz uelastyczniają mięśnie całego ciała. Joga skupia się na prawidłowym oddychaniu, co korzystnie wpływa na wentylację płuc przyszłej mamy i dziecka. Pilates wzmacnia mięśnie głębokie, głównie grzbietu i brzucha. Przed korzystaniem z takich zajęć, poinformuj instruktora, że jesteś w ciąży. Możesz też poszukać jogi bądź pilatesu prowadzonych specjalnie dla kobiet ciężarnych.
- **Trening siłowy – dostosowujesz ćwiczenia do siebie:** trening siłowy kobiet w ciąży ma przede wszystkim wzmocnić kończyny górne i dolne, grzbiet oraz zaangażować delikatnie mięśnie brzucha. Intensywność ćwiczeń powinna zostać zmniejszona o połowę poprzez wydłużenie przerw między seriami i pracę z mniejszym obciążeniem. Polecam połączenie części siłowej z częścią aerobową. Trening cardio mozesz wykonać na bieżni z lekkim nachyleniem lub na rowerze stacjonarnym z dostosowanym większym siodełkiem. Tę formę aktywności fizycznej wybrałam dla siebie.
- **Zajęcia dla kobiet w ciąży – w grupie raźniej:** to świetna odskocznia od codziennej monotonii spowodowanej pracą i obowiązkami domowymi. Zajęcia dla ciężarnych są szczególnie polecane kobietom, które do tej pory nie były zbytnio aktywne i chcą to zmienić. Trening wśród osób będących w tym samym stanie fizjologicznym powoduje, że poczujemy się raźniej. Zmienne nastroje nikogo tu nie dziwią, można wymienić się doświadczeniami i spędzić czas w przyjaznym gronie, co pozytywnie wpływa na samopoczucie.

- **Basen – i tak, i nie, czyli wybór należy do ciebie:** ruch w wodzie jest doskonałym treningiem dla przyszłych mam. Żadna inna aktywność fizyczna nie odciąża kręgosłupa i zbolałych stawów zmagających się ze zwiększoną masą ciała tak dobrze jak zajęcia w wodzie. Ćwiczenia w basenie wzmacniają całe ciało i uelastyczniają mięśnie, a jednocześnie nie powodują przegrzania się. Sama jednak z nich zrezygnowałam. Powody były trzy. Po pierwsze w miejscowości, w której mieszkam, baseny są oblegane przez szkoły i zawodników, czułabym się niekomfortowo, ćwicząc przy tak dużej liczbie odwiedzających. Po drugie okres jesienno-zimowy nie zachęcał do przebierania się w strój kąpielowy i pływania w chłodnej wodzie. Po trzecie zaś, i to było dla mnie najważniejsze, pływanie niesie ze sobą duże ryzyko infekcji pochwy i dróg rodnych.

RYZYKOWNE FORMY AKTYWNOŚCI DLA CIĘŻARNYCH KOBIET

- **Sztuki walki:** sporty kontaktowe wymagają szybkiego refleksu i koordynacji ruchowej. Kobiety ciężarne, u których zmienia się środek ciężkości ciała, zwykle mają problemy z tego typu ćwiczeniami. Dodatkowo dynamiczne uderzenia, kopnięcia lub upadki podczas ćwiczeń stanowią ogromne zagrożenie dla brzucha. Do tego typu zajęć bez problemu będziesz mogła wrócić po urodzeniu dziecka.
- **Jogging:** mogą go uprawiać kobiety, które przed ciążą co najmniej przez rok regularnie biegały. Nawet one, mimo wytrenowania, powinny zmniejszyć dystans i tempo treningu o połowę. Pozostałym kobietom odradzam tę formę aktywności fizycznej z uwagi na ryzyko krwawienia wewnętrznego, przedwczesnego porodu lub poronienia.
- **Kolarstwo:** tak jak w wypadku biegania, jazdę na rowerze w terenie zalecam kobietom zajmującym się tą dziedziną sportu przez wiele lat. Nieregularny teren sprzyja nadmiernym wstrząsom ciała i zwiększa ryzyko upadku, co jest bardzo niebezpieczne dla ciąży (tyczy się to również innych sportów terenowych, m.in. narciarstwa czy jazdy konnej). Jako alternatywę polecam rower stacjonarny, który jest bardziej stabilny i bezpieczny.

- **Zajęcia fitness:** aerobik charakteryzuje się wysoką intensywnością. Program ćwiczeń jest dostosowany do grupy, a nie do ciebie, dlatego wykonywanie pewnych ćwiczeń może źle wpłynąć na ciążę i twoje samopoczucie. Bardzo niebezpieczne są zajęcia wzmacniające brzuch i dolne partie ciała, jak również tabata, fat burning i zajęcia na stepie, które grożą upadkiem. Poszukaj zajęć fitness dostosowanych dla ciężarnych kobiet.
- **Crossfit:** to bardzo intensywny rodzaj zajęć, łączący ćwiczenia siłowe z wydolnościowymi. Nie polecam go w okresie ciąży, niesie ze sobą zbyt duże ryzyko wycieńczenia poprzez nadmierne podgrzanie temperatury ciała.
- **Sporty ekstremalne:** nurkowanie, sporty powietrzne czy wysokościowe nie powinny być uprawiane przez przyszłe mamy. W czasie ciąży najważniejszy jest prawidłowy rozwój dziecka, a nie chęć udowodnienia, że jesteśmy ciągle w rewelacyjnej kondycji.

Jak więc być aktywną w ciąży bez wyrządzenia krzywdy dziecku i sobie?

W dalszej części książki (rozdział *Trenuj w ciąży, byle z głową*) przedstawiam podstawowe zasady, którymi kierowałam się w tym wyjątkowym dla mnie okresie. Zachęcam gorąco do wypróbowania planu treningowego, który przygotowałam dla kobiet chcących zachować formę w tych niezwykłych miesiącach. Są to proste ćwiczenia siłowe, które przyczynią się do wzmocnienia sylwetki, oraz ćwiczenia wydolnościowe, które pozwolą długo zachować dobrą kondycję.

Oczywiście w moim planie treningowym nie zabrakło ćwiczeń wzmacniających mięśnie dna miednicy, które są tak istotne w ciąży i po porodzie, oraz treningu z partnerem, który mam nadzieję sprawi wam wiele frajdy. Przy mięśniach dna miednicy warto rozważyć konsultację u specjalisty z zakresu fizjoterapii ginekologicznej. Oceni on stan tych mięśni i ewentualnie zaleci dodatkowe ćwiczenia.

Natalia Gacka-Dressler by Happy mum

Pamiętnik ciąży

wklej swoje zdjęcie
z drugiego trymestru ciąży

Z WIZYTY LEKARSKIEJ

- twoja waga:
- twoje ciśnienie:
- zalecenia lekarskie:

CZWARTY MIESIĄC

Czujesz się lepiej, choć przybierasz znacząco na wadze? Jeśli lekarz pozwoli, zacznij ćwiczyć. W czwartym miesiącu możesz poczuć pierwsze ruchy dziecka. Nie nastawiaj się na kopniaki, to raczej muśnięcia, drżenia odczuwane w brzuchu.

Moje ulubione ćwiczenia

Kiedy poczułam pierwsze ruchy dziecka

Moje emocje

Pamiętnik ciąży

wklej zdjęcie
z kolejnego USG

Z WIZYTY LEKARSKIEJ

- długość ciała dziecka:
- waga dziecka:
- płeć dziecka:

PIĄTY MIESIĄC

Coraz trudniej dopiąć ci spodnie lub spódnicę? To normalne. Jeśli lekarz prowadzący nie widzi przeciwwskazań, ćwicz. Być może to dobry moment na wybranie się do sklepu i zakup ubrań szytych specjalnie dla przyszłych mam? W takich ciuchach poczujesz się nie tylko komfortowo, ale też atrakcyjnie.

Moje ulubione ćwiczenia

Jak się czuję z widocznym już brzuszkiem?

Moje ciążowe zakupy modowe :-)

Pamiętnik ciąży

wklej zdjęcie
swojego brzuszka :-)

Z WIZYTY LEKARSKIEJ

- twoja waga:
- twoje ciśnienie:
- zalecenia lekarskie:

SZÓSTY MIESIĄC

Nawet jeśli czujesz się doskonale, nie zapominaj o relaksie. Tym bardziej że maluszek już potrafi rozpoznawać twoje emocje. Może warto także pomyśleć o zajęciach w szkole rodzenia? To przygotuje i ciebie, i twojego partnera do porodu oraz do opieki nad noworodkiem.

Moje ulubione ćwiczenia relaksacyjne

Moje zmiany w diecie

Pierwsze mocne kopnięcie dziecka

Trzeci trymestr ciąży

Natalia Gacka-Dressler by Happy mum

SAMOPOCZUCIE

Z tygodnia na tydzień coraz częściej powracają dolegliwości gastryczne, z którymi musiałam się mierzyć w pierwszym trymestrze ciąży... Mam na myśli zgagę i refluks. Mimo prawidłowej diety dają mi się we znaki każdego dnia i każdej nocy za sprawą rozpychającego się, żwawego chłopczyka w moim brzuchu. Dodatkowe kilogramy kochanego ciałka też wpływają na moje codzienne, raczej coraz wolniejsze funkcjonowanie, a czasem również odbijają się na samopoczuciu i bolesności pleców. Problemy ze snem, spowodowane wędrówkami do toalety kilka razy w ciągu jednej nocy, powodują, że za dnia jestem bardziej senna niż we wcześniejszych miesiącach ciąży...

U niektórych kobiet w trzecim trymestrze pojawiają się obrzęki stóp (wynik zwiększonej ilości krwi oraz ucisku powiększonej macicy). Dlatego stawiam na wygodę - buty na płaskim obcasie i nic uciskającego. Jeśli występują u ciebie bolesne skurcze łydek, zadbaj o dietę bogatą w wapń, magnez i potas oraz śpij z nieco uniesionymi nogami.

Jak zatem się czuję? Wspaniale i nie żartuję.

Nauczyłam się radzić sobie w różnych niekomfortowych sytuacjach. Mając zgagę, wypijam duży łyk zimnego mleka, kiedy zaczynają mnie boleć plecy - wykonuję odpowiednie ćwiczenia rozciągające, a jeżeli nagle czuję się osłabiona, biorę książkę, wielką poduszkę w kształcie litery C i relaksuję się lub odsypiam nieprzespaną noc. Odpoczynek w pozycji leżącej na boku przynosi mi prawdziwą ulgę. Świetnie sprawdza się tu poducha w kształcie rogala.

Przede wszystkim nie przeżywam swojego stanu. Wiem, że każdego dnia będzie mi coraz ciężej, czy warto zatem użalać się nad sobą? Czasami warto - jeżeli przyniesie to cudownie relaksujący masaż wykonany przez męża. Jeśli jesteśmy w stanie, starajmy się otaczać wyrozumiałymi ludźmi i sprawiać sobie przyjemności. Niedługo nie będzie już na nie tyle czasu.

Trzeci trymestr to najlepszy czas na przygotowanie kącika i wyprawki dla dziecka. To również czas na wyciszenie, zamknięcie wszystkich stresujących spraw. Polecam odpoczynek mentalny, a jeżeli czujesz potrzebę, zadbaj też o odpoczynek fizyczny.

WYSIŁEK FIZYCZNY

Zwiększająca się masa ciała i coraz słabsza wydolność powodują, że moje treningi stają się krótsze i spokojniejsze. Swój dotychczasowy plan treningowy okroiłam do dwóch obiegów, czasami wykonuję tylko jeden. Coraz większa ruchliwość dziecka przekłada się na częste wizyty w toalecie, skróciłam więc również czas sesji aerobowych. Na początku 32 tygodnia ciąży do swojego planu treningowego dołączyłam więcej ćwiczeń rozciągających i rozluźniających plecy. Doskonale odprężają mnie ćwiczenia oddechowe oraz pozycje wertykalne z użyciem piłki. Każdy przetrenowany tydzień, w którym wykonam chociażby dwie sesje treningowe po 30 minut, sprawia, że czuję się radośniejsza, spokojniejsza, a jednocześnie mam więcej energii do życia...

***

Przede mną ostatnia prosta. Pisząc te słowa, przeżywam 37 tydzień ciąży. Czy coś się zmieniło? Owszem. Bardzo wsłuchuję się w swoje ciało i odpuściłam już treningi. Nie zrezygnowałam natomiast ze spacerów, które sprawiają mi wiele radości, tym bardziej że zawitała wiosna. Spacery, które odbywam, nie są długie ze względu na malca uciskającego mój pęcherz moczowy. Mam nadzieję, że tak jak ja w tej chwili, jesteś umiarkowanie aktywna i oczekujesz z niecierpliwością na zakończenie tej fascynującej przygody w dwupaku.

ZMIANY ZACHODZĄCE W CIELE PODCZAS CIĄŻY

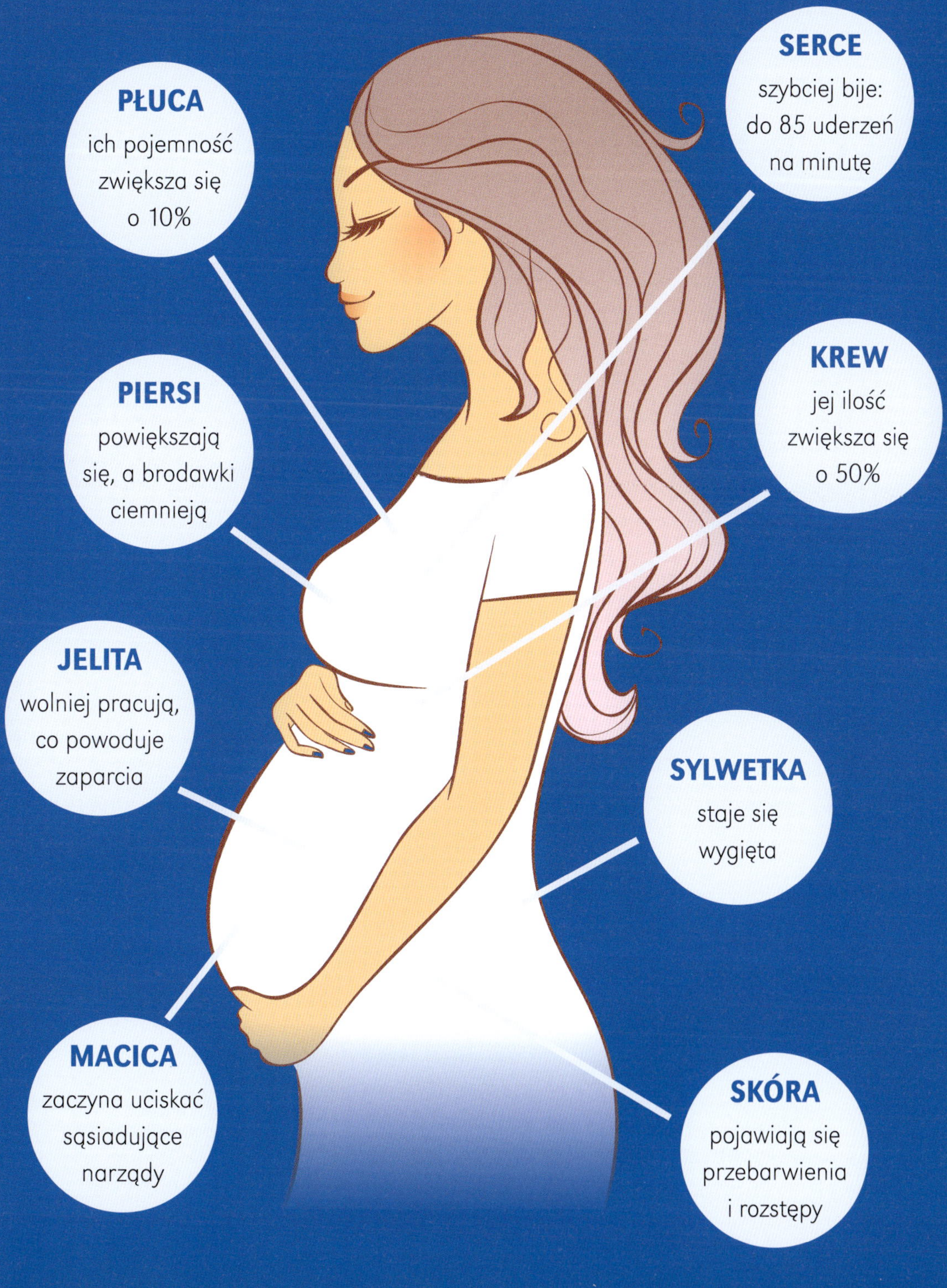

Pamiętnik ciąży

wklej swoje zdjęcie
z trzeciego trymestru ciąży

Z WIZYTY LEKARSKIEJ

- twoja waga:
- twoje ciśnienie:
- zalecenia lekarskie:

SIÓDMY MIESIĄC

Zwiększająca się masa ciała, obrzęki i coraz słabsza wydolność powodują, że trudno ci zachować aktywność fizyczną? To normalne. Jeśli zdrowotnie nie ma przeciwwskazań, ćwicz, tyle że nie forsownie. Trenuj mięśnie Kegla i techniki relaksacyjne, przydadzą się podczas porodu.

Moje samopoczucie emocjonalne

Moje przypadłości ciążowe

Co kupiłam z myślą o moim dziecku?

Pamiętnik ciąży

wklej zdjęcie
z ostatniego USG

Z WIZYTY LEKARSKIEJ

- długość ciała dziecka:
- waga dziecka:
- ułożenie dziecka:

ÓSMY MIESIĄC

Czujesz się ociężała, a ogromny brzuch ogranicza ruchliwość. Czasami masz wrażenie, że nie możesz złapać tchu... Dziecko zajmuje tak dużo miejsca, że naciska na przeponę i płuca. To już ostatnie tygodnie przed rozwiązaniem. Zaczynasz coraz częściej myśleć o przebiegu porodu. Spokój, wyciszenie, relaksacja – tego najbardziej ci teraz potrzeba.

Moje samopoczucie emocjonalne

Czego się boję?

Myślę o bólu porodowym i...

Pamiętnik ciąży

wklej zdjęcie
swojego brzuszka z widoczną
linea nigra (kreską czarną),
która pojawia się w ostatnim
trymestrze ciąży

Z WIZYTY LEKARSKIEJ

- twoja waga:
- twoje ciśnienie:
- zalecenia lekarskie:

DZIEWIĄTY MIESIĄC

Bądź gotowa na podróż do szpitala! I odpoczywaj, bo już za chwilę rozpocznie się gorący okres w twoim życiu.

Moja aktywność fizyczna ogranicza się do...

Jakie imię dla maluszka?

Jak się czuję psychicznie?

Witaj na świecie!

wklej zdjęcie
swojego maluszka,
a na górze wpisz jego imię

- data urodzenia:
- waga:
- długość:
- liczba punktów:

PORÓD

Ile trwał poród?

Przebieg porodu

Jak zniosłaś ból?

Co najbardziej ci przeszkadzało podczas pobytu w szpitalu?

Trenuj w ciąży, byle z głową

Bez względu na to, czy przed ciążą prowadziłaś aktywny tryb życia, czy też nie, ale chcesz to teraz zmienić, **musisz skonsultować się z lekarzem ginekologiem**. Z własnego doświadczenia wiem, że brak bólu podczas wykonywanych ćwiczeń nie oznacza, iż nie dzieje się nic złego. Porada i zgoda lekarska pozwolą ci spokojnie podjąć odpowiednie ćwiczenia. Jeżeli lekarz z jakiegoś powodu zabroni ci aktywności i nadmiernego ruchu, zastosuj się do tych zaleceń. Nie rób niczego na własną rękę.

Osobom początkującym zalecałabym, aby nie rozpoczynały aktywności fizycznej w pierwszym trymestrze ze względu na duże ryzyko poronienia, a także aby zminimalizowały wysiłek w ostatnim trymestrze z uwagi na ograniczenia ruchowe i zaawansowaną wielkość brzucha.

PRZECIWWSKAZANIA DO AKTYWNOŚCI FIZYCZNEJ

- nadciśnienie tętnicze
- cukrzyca (więcej informacji w rozdziale *Zdrowa dieta przyszłej mamy*)
- niewydolność szyjkowo-ciśnieniowa
- ciężkie postacie gestozy ciążowej
- krwawienia w ciąży
- zapalenia i infekcje narządów wewnętrznych i płciowych
- gorączka
- wielowodzie i małowodzie
- choroby płodu
- ciąża mnoga (nie zalecam ćwiczeń szczególnie w pierwszym i trzecim trymestrze ciąży)

ZASADY UPRAWIANIA AKTYWNOŚCI W CIĄŻY

1. **Zadbaj o wygodny strój do treningu**
   Niby to oczywiste, ale w ciąży szczególnie ważne. Nagle cała szafa sportowych ciuchów kurczy się i zaczyna brakować ubrań do gimnastyki. Dotychczas używany strój sportowy zaczyna być za ciasny, a w ulubionych legginsach z dnia na dzień czujesz się coraz bardziej niekomfortowo. Aby nie narażać się na dyskomfort i ewentualne pogorszenie nastroju, kup wygodny komplet do ćwiczeń już na samym początku ciąży. Polecam miękką bieliznę bezszwową, luźną koszulkę i spodenki bez ciasnej gumy w pasie. Strój nie może ograniczać ruchów, ma być miły i przede wszystkim wygodny w użytkowaniu.
2. **Przemyśl tygodniowy plan ćwiczeń**
   Jeśli do tej pory nie miałaś styczności ze sportem, dołącz do grupy kobiet ćwiczących pod okiem instruktora. To trener odpowiada tam za dobrze przygotowany plan zajęć, a w ewentualnych sytuacjach kryzysowych szybko zareaguje i udzieli pomocy. Panie, które lubią ćwiczyć w samotności, powinny swoją aktywność dopasować do aktualnego stanu fizjologicznego. Podczas ciąży w ciele zachodzą ogromne zmiany, dlatego należy stopniować intensywność i trudność wykonywanych ćwiczeń. Aby nie wypaść z rytmu, warto przeanalizować swój tygodniowy grafik, by w przyjemny sposób połączyć codzienną pracę z życiem rodzinnym i treningami.
3. **Wykonuj trening w należnym porządku**
   Ta podstawowa zasada jest często zaniedbywana przez ćwiczących.

- **Rozgrzewka** jest nieodłącznym elementem każdego treningu, pominięcie jej zwiększa ryzyko urazu. Rozgrzane mięśnie i stawy są bardziej elastyczne oraz przygotowane na cięższe ćwiczenia. Pamiętaj, że jesteś w ciąży i nie możesz tak samo intensywnie się rozgrzewać jak do tej pory. Zamiast biegu, maszeruj przez 10–12 minut (możesz wykorzystać bieżnię lub rower stacjonarny albo maszerować w miejscu).
- **Część główną** dostosuj do kondycji. Jeśli wysiłek fizyczny jest dla ciebie nowością, zacznij od podstawowych ćwiczeń, aby przyzwyczaić mięśnie do pracy i odpowiedniego ruchu. Warto

ćwiczyć przed lustrem, zwłaszcza jeżeli należysz do nowicjuszek i nie do końca potrafisz utrzymać prawidłową sylwetkę w trakcie ćwiczeń. Uważam, że dla kobiet w ciąży nie należy podawać dokładnych wytycznych dotyczących czasu trwania pojedynczej sesji treningowej. Każda z nas jest inna, trzeba słuchać własnego ciała i w chwili kiedy poczujemy większe zmęczenie – przerwać ćwiczenia lub zmniejszyć intensywność i wydłużyć przerwę pomiędzy seriami. Najbezpieczniejszym rozwiązaniem jest stopniowe wydłużanie sesji treningowych, rozpoczynając od 10 minut, następnie 15 minut aż do 60-minutowych ćwiczeń.

- **Rozciąganie i ćwiczenia relaksująco-oddychające** są nieodzowne na zakończenie treningu. Powinnaś zawsze znaleźć na nie czas. Wykonaj rozciąganie mięśni szyi, ramion i ud, doskonale rozluźnia również koci grzbiet w podporze przodem na macie. Na zakończenie włącz relaksującą muzykę, ułóż się w bezpiecznej pozycji bocznej, zamknij oczy, wycisz organizm i oczyść umysł, rozmawiając ze swoim rozwijającym się dzieckiem oraz masując dodatkowo brzuch. Po tak zakończonym treningu będziesz rozluźniona i pozytywnie naładowana na kolejny aktywny dzień.

4. **Zachowaj umiar, ćwicz bez pośpiechu**

   Jeżeli podobnie jak ja bardzo źle przeszłaś pierwszy trymestr ciąży, nie ćwicz od razu zbyt intensywnie. Twoje ciało długo było bierne, a dobre samopoczucie i ogromny napływ energii odczuwane w drugim trymestrze mogą być złudne. Powrót do aktywności fizycznej proponuję rozpocząć od marszów w terenie lub na bieżni. Pośpiech jest wrogiem numer jeden ciężarnej kobiety, dlatego nie spinaj się, by zrobić jak najwięcej, lecz trenuj powoli i w granicach własnych możliwości. Pamiętaj, że nadmierny wzrost temperatury ciała podczas ćwiczeń może spowodować uszkodzenie płodu, a zbyt intensywne treningi bywają powodem przedwczesnego porodu.

5. **Bądź systematyczna**

   Regularność ćwiczeń gwarantuje utrzymanie sprawności fizycznej w trakcie całej ciąży. Jeżeli jednak czujesz się zmęczona, zmniejsz czas ćwiczeń o połowę lub odłóż je na kolejny dzień.

6. **Pij wodę**
   Nie rozumiem kobiet, które ćwicząc, nie uzupełniają płynów. To ogromny błąd, który może przysporzyć wiele problemów zdrowotnych. Odpowiednie nawodnienie ciała jest podstawą udanego treningu. Podczas ćwiczeń pij wodę małymi porcjami, co najmniej raz na 20 minut. Nie lubisz tego, bo częściej odwiedzasz toaletę? To i tak nieuniknione w ciąży ;-).
7. **Pamiętaj o deficycie energetycznym**
   Podczas aktywności fizycznej organizm wykorzystuje nagromadzoną energię do pracy mięśni. Celem ćwiczeń w ciąży nie jest redukcja ciała, zatem pamiętaj, żeby po zakończonym treningu spożyć odpowiednią porcję kalorii, aby uzupełnić glikogen mięśniowy. Gwałtowne spadki poziomu glukozy we krwi są bardzo niebezpieczne dla ciężarnej.
8. **Ciesz się aktywnością fizyczną**
   Dodatkowy ruch w ciąży musi być traktowany jako przyjemny przerywnik od codziennych obowiązków, a nie kolejne przymusowe zadanie do wykonywania. Dobór odpowiednich form aktywności fizycznych ułatwi ci utrzymanie systematyczności i przezwycięży pojawiające się czasami lenistwo.

TWÓJ TYGODNIOWY PLAN TRENINGOWY

Zachęcam cię do przetestowania czterech planów ćwiczeń, które przygotowałam z myślą o ciężarnych kobietach. Możesz je wykonywać przez całą ciążę, jeśli tylko będziesz się czuła komfortowo podczas poszczególnych ruchów. Tak jak wspominałam, prawidłowa sesja treningowa musi składać się z rozgrzewki całego ciała, części głównej i odpowiedniego zakończenia, czyli rozciągania i wyciszenia. W zależności od tego, jak dużą ilością czasu dysponujesz, dostosujesz swój dzień do odpowiedniego planu treningowego. Trening nie powinien przekraczać 1 godziny 15 minut. Pamiętaj, aby nie robić ćwiczeń za wszelką cenę. Kieruj się zasadami opisanymi przeze mnie, a nic złego nie powinno się zdarzyć.

PLAN TYGODNIOWY

dla kobiety ciężarnej nieaktywnej przed ciążą

Poniedziałek	TRENING I (s. 58) lub spacer
Wtorek	relaks
Środa	TRENING III (s. 78) lub spacer
Czwartek	relaks
Piątek	TRENING II (s. 68) lub spacer
Sobota	relaks
Niedziela	TRENING IV (s. 86) lub relaks

dla kobiety ciężarnej aktywnej przed ciążą

Poniedziałek	TRENING I (s. 58)
Wtorek	TRENING III (s. 78)
Środa	spacer 15-60 minut (polecam nordic walking)
Czwartek	TRENING II (s. 68)
Piątek	TRENING IV (s. 86)
Sobota	spacer 15-60 minut (polecam nordic walking)
Niedziela	spacer 15-60 minut (polecam nordic walking)

Rozgrzewaj się!

Zalecany czas rozgrzewki: 5–10 minut

Rozgrzewka jest bardzo ważnym elementem treningu każdej aktywnej osoby. Przygotowuje ciało do zaplanowanego wysiłku oraz rozgrzewa stawy i mięśnie, dzięki czemu wykonywanie ćwiczeń jest o wiele przyjemniejsze, a ryzyko kontuzji minimalizowane.

Pamiętaj!

- Kobiety ciężarne nie mogą sobie pozwolić na wykonywanie wszystkich zalecanych ćwiczeń rozgrzewających ze względu na swój stan i dobro dziecka.
- Nie są wskazane podskoki ani intensywny bieg, które mocno podwyższają temperaturę ciała.
- Podczas ciąży jako rozgrzewkę poleca się marsz na bieżni lub jazdę na rowerze stacjonarnym.
- Jeżeli ćwiczymy w warunkach domowych i nie mamy sprzętu aerobowego, ciało możemy rozgrzać, maszerując w miejscu lub wykonując podstawowe kroki aerobikowe (step touch, step out, v-step itp.).
- Należy pamiętać o rozgrzaniu każdej części ciała. Najpierw rozgrzewamy poszczególne partie mięśni oraz stawy, potem przystępujemy do marszu i kroków aerobikowych.
- Pamiętaj, że maksymalny wzrost tętna to 140 uderzeń na minutę!

Zapraszam do wspólnej rozgrzewki.

1. DELIKATNE RUCHY GŁOWY W PRAWĄ I LEWĄ STRONĘ, W GÓRĘ I DÓŁ

stań w lekkim rozkroku, ręce swobodnie wzdłuż ciała; wykonaj rotację głowy w prawo

wróć do pozycji wyjściowej i skręć głowę w lewo; postaraj się być rozluźniona, nie napinaj ciała

2. KRĄŻENIA NADGARSTKÓW I BARKÓW

stań w lekkim rozkroku, spleć dłonie; wykonaj szybkie krążenie nadgarstków przez kilka sekund; powtórz ćwiczenie trzy razy

ręce puść luźno; wykonaj kilka powolnych krążeń barkami do przodu, a następnie do tyłu

3. WYMACHY RAMION W GÓRĘ I NA BOKI

stań w lekkim rozkroku, spleć dłonie i unieś ramiona nad głowę; wróć do pozycji początkowej; powtórz ćwiczenie kilka razy

zgięte ręce ustaw na wysokości barków z przodu ciała; wykonaj wymach ramion w bok; wróć do pozycji początkowej; powtórz ruch kilka razy

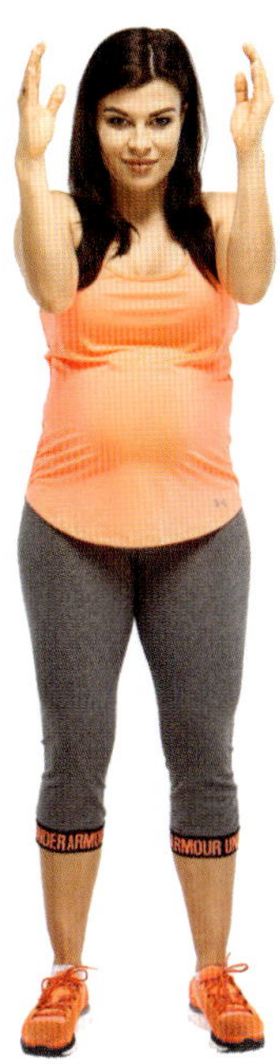

4. SIĘGANIE RĘKĄ NAD GŁOWĘ

stań w lekkim rozkroku, unieś zgiętą w stawie łokciowym lewą rękę do boku ciała; sięgnij ręką nad głowę i wróć do pozycji początkowej; powtórz ruch kilka razy

to samo ćwiczenie wykonaj na prawą stronę

5. KRĄŻENIA RĘKOMA ZGIĘTYMI W ŁOKCIACH

stań w lekkim rozkroku,
wyciągnij ręce w bok

zegnij ręce w łokciach
i wykonaj krążenia najpierw
w jedną, a potem w drugą
stronę; powtórz ćwiczenie
jeszcze raz na każdą stronę

6. KRĄŻENIA BIODRAMI, ZATACZAJĄC OBSZERNE KOŁA

ręce połóż na biodrach; wykonaj obszerne krążenia biodrami w jedną, a potem w drugą stronę; powtórz ćwiczenie jeszcze raz

7. KRĄŻENIA KOLAN NA ZEWNĄTRZ I DO ŚRODKA

lekko ugnij nogi; zacznij krążyć kolanami najpierw na zewnątrz, a następnie do środka; powtórz ćwiczenie jeszcze raz na obie strony

8. KRĄŻENIA KOLAN W JEDNĄ STRONĘ, A POTEM W DRUGĄ

zbliż nogi do siebie; zacznij krążenia kolanami w lewo, a potem w prawo; powtórz ćwiczenie jeszcze raz na obie strony

9. KRĄŻENIA STOPĄ W JEDNĄ I DRUGĄ STRONĘ

znów stań w lekkim rozkroku, oprzyj jedną stopę na palcach; rozgrzej stawy skokowe, krążąc stopą na zewnątrz i do środka; zmień pracującą stopę

10. MARSZ W MIEJSCU

30 s

staraj się podnosić nogi jak najwyżej, ale nie narzucaj sobie bardzo szybkiego tempa

11. STEP TOUCH, CZYLI KROK ODSTAWNO-DOSTAWNY W BOK

30 s

odstaw w bok prawą nogę, dostaw do niej lewą (nie przenosząc ciężaru z prawej nogi), wróć do pozycji wyjściowej i zrób krok w lewą stronę

12. STEP OUT 30 s

stań w rozkroku, przenieś ciężar ciała na prawą nogę, a lewą nogą zaakcentuj krok, uderzając delikatnie palcami w podłogę; to samo zrób na drugą stronę

13. HEEL BACK

30 s

stań w rozkroku, ugnij lewą nogę w tył, jakbyś chciała się kopnąć w pośladek; wróć do pozycji początkowej

teraz ugnij prawą nogę w tył i znów wróć do pozycji początkowej; nie dotykaj piętą pośladka, zachowaj kąt 90° pomiędzy łydką a udem

14. KNEE UP 30 s

stań w rozkroku,
unieś ręce;
podnieś lewe
kolano w bok
i wróć do pozycji
wyjściowej

teraz podnieś
prawą nogę iznów
wróć do pozycji
wyjściowej

Trening pierwszy

Całkowity czas treningu: 30 minut

Pamiętaj!

- Zanim zaczniesz trening, dobrze się rozgrzej. Maksymalny wzrost tętna to 140 uderzeń na minutę!
- Wszystkie ćwiczenia wykonuj z ogromną starannością, a nie jak najszybciej. Najlepiej ćwicz przed lustrem, łatwiej wówczas kontrolować technikę i dbać o prawidłową postawę ciała.
- Jeżeli podczas wykonywania poszczególnych ruchów poczujesz dyskomfort (ból brzucha, zawroty głowy, mroczki, skurcze mięśni, duszność itp.), natychmiast przerwij ćwiczenie i zrelaksuj się.
- Trening składa się z dwóch części. W pierwszej części wykonujesz 2–3 obiegi ćwiczeń siłowych – wzmacniających poszczególne partie ciała, które przeplatają się z ćwiczeniami aerobowymi – poprawiającymi wydolność organizmu.
- Ćwiczenia należy wykonywać w określonej jednostce czasu. Ze względu na różny poziom zaawansowania kobiet w ciąży sama ustalasz, ile powtórzeń danego ćwiczenia wykonasz przez 30 sekund.
- Liczba wykonanych obiegów zależy od twojego samopoczucia i kondycji fizycznej, możesz wykonać tylko jeden obieg lub zakończyć sesję po trzech.
- Pomiędzy obiegami robisz 1–2-minutową przerwę. Odpoczywasz, nawadniasz się i jeżeli masz taką potrzebę – rozciągasz poszczególne partie mięśniowe.
- W drugiej części treningu wykonujesz ćwiczenia na macie. Każde ćwiczenie ma przypisaną odpowiednią liczbę powtórzeń i czas na odpoczynek.

ĆWICZENIA DO WYKONANIA

Ćwiczenia wykonujesz według planu, zgodnie z podaną liczbą powtórzeń lub przez określony czas. Do treningu potrzebujesz pary hantli (ciężar dobierasz sama, polecam 1–3 kg) lub dwóch butelek wody (0,5–2 l) oraz maty albo koca.

CZĘŚĆ PIERWSZA TRENINGU (Z HANTLAMI)

1. **PÓŁPRZYSIADY** w szerokim rozkroku z hantlami w dłoniach (30 sekund)
2. **STEP TOUCH** (30 sekund)
3. **WIOSŁOWANIE** hantlami w lekkim opadzie tułowia (30 sekund)
4. **HEEL BACK** (30 sekund)
5. **WYKROKI** w tył po skosie (30 sekund)
6. **KNEE UP** (30 sekund)
7. **WZNOSY** hantli bokiem, stojąc (30 sekund)
8. **MARSZ W MIEJSCU** (30 sekund)
9. **ODWODZENIE** prawej nogi w bok, stojąc (30 sekund)
10. **STEP TOUCH** (30 sekund)
11. **ODWODZENIE** lewej nogi w bok, stojąc (30 sekund)
12. **HEEL BACK** (30 sekund)
13. **PROSTOWANIE** hantlami do tyłu w lekkim opadzie tułowia (30 sekund)
14. **KNEE UP** (30 sekund)
15. **UGINANIE** hantlami młotkowo ze skrętem na zewnątrz, stojąc (30 sekund)

Przerwa 1–2 minuty

CZĘŚĆ DRUGA TRENINGU (NA MACIE)

A. **UNOSZENIE** miednicy w górę, leżąc tyłem na macie (3 serie po15–20 powtórzeń)

B. **WYCIĄGANIE** przeciwstawnych nogi i ręki w pozycji klęku podpartego przodem na macie (6 serii po 10 sekund każda)

1. PÓŁPRZYSIADY W SZEROKIM ROZKROKU Z HANTLAMI W DŁONIACH

30 s

stań prosto z nogami rozstawionymi szerzej niż barki; stopy ustaw palcami do przodu i lekko na zewnątrz

trzymając hantle w dłoniach, ugnij kolana, aż uda ustawią się w pozycji równoległej do podłoża (kąt prosty pod kolanami); pamiętaj o zachowaniu naturalnej krzywizny kręgosłupa (nie garb się!); wróć do pozycji wyjściowej

2. STEP TOUCH

30 s

stań w rozkroku, unieś lewe kolano w bok, wróć do pozycji wyjściowej i zrób to samo na prawą nogę

3. WIOSŁOWANIE HANTLAMI W LEKKIM OPADZIE TUŁOWIA

30 s

chwyć hantle i ustaw je równolegle względem siebie na szerokość barków; pochyl się lekko do przodu, zachowując proste plecy i nieco ugięte kolana

przyciągnij hantle wzdłuż tułowia do dolnej części klatki piersiowej, zepnij łopatki i powoli opuść hantle, prostując ramiona; głowa ma być przedłużeniem kręgosłupa, nie opuszczaj jej podczas ćwiczenia!

4. HEEL BACK

30 s

stań w rozkroku, ugnij lewą nogę w tył, jakbyś chciała się kopnąć w pośladek; nie dotykaj piętą pośladka, zachowaj kąt 90° pomiędzy łydką a udem; to samo zrób na drugą stronę

5. WYKROKI W TYŁ PO SKOSIE

30 s

stań z nogami rozstawionymi na szerokość barków; wykonaj wykrok w tył i po skosie; zachowaj równowagę!

ugnij kolano nogi wykrocznej, aż udo ustawi się w pozycji równoległej do podłoża; kolano nie może dotykać podłoża; wróć do pozycji początkowej i zmień nogę pracującą

6. KNEE UP

30 s

stań w rozkroku, unieś lewe kolano w bok, wróć do pozycji wyjściowej i zrób to samo na prawą nogę

7. WZNOSY HANTLI BOKIEM, STOJĄC

30 s

stań w lekkim rozkroku
i ustaw ramiona po
obu bokach ciała

wykonaj wznos bokiem
ramionami na wysokość
barków; spokojnie wróć
do pozycji początkowej

8. MARSZ W MIEJSCU

30 s

wykonuj rytmiczny
marsz w miejscu,
pracując jednocześnie
i nogami, i rękoma

9. ODWODZENIE PRAWEJ NOGI W BOK, STOJĄC

30 s

ustaw stopy na szerokość bioder i wykonaj odwodzenie nogi w bok, zachowując lekkie zgięcie w stawie kolanowym obydwu nóg; wróć do pozycji początkowej

10. STEP TOUCH 30 s

11. ODWODZENIE LEWEJ NOGI W BOK, STOJĄC

30 s

ćwiczenie identyczne jak numer 9, tyle że odwodzimy lewą nogę; w obu ćwiczeniach staraj się wykonywać ruch powoli, aby się nie przewrócić

12. HEEL BACK 30 s

13. PROSTOWANIE HANTLAMI DO TYŁU W LEKKIM OPADZIE TUŁOWIA

30 s

chwyć hantle i ustaw je równolegle względem siebie na szerokość barków; pochyl się lekko do przodu, zachowując proste plecy i nieco ugięte kolana

przyciągnij hantle wzdłuż tułowia do uzyskania kąta prostego w stawach łokciowych; następnie wykonaj wyprost ramion do tyłu, zatrzymaj na 2 sekundy i ugnij łokcie ponownie; powtórz ruch

14. KNEE UP

30 s

15. UGINANIE HANTLAMI MŁOTKOWO ZE SKRĘTEM NA ZEWNĄTRZ, STOJĄC

30 s

stań wyprostowana w rozkroku na szerokość bioder; zegnij ręce w stawie łokciowym, trzymając hantle chwytem młotkowym – grzbiety dłoni na zewnątrz, kciuki ku przodowi; w ostatniej fazie pracy wykonaj delikatną rotację hantlami na zewnątrz, zachowując napięcie w nadgarstkach; wróć do pozycji początkowej

A. UNOSZENIE MIEDNICY W GÓRĘ, LEŻĄC TYŁEM NA MACIE

stopy płasko na podłodze, szerzej niż biodra, ręce wzdłuż tułowia

powoli unieś biodra i zatrzymaj na 2 sekundy, napinając mięśnie pośladkowe; nie unoś zbyt wysoko pośladków, możesz wtedy odczuwać bolesność w kręgosłupie

3 serie po 15–20 powtórzeń

B. WYCIĄGANIE PRZECIWSTAWNYCH NOGI I RĘKI W POZYCJI KLĘKU PODPARTEGO PRZODEM NA MACIE

6 serii po 10 s każda

ustaw się w klęku podpartym przodem na macie; jednocześnie wyciągnij prawą nogę i lewą rękę, zachowując napięty korpus; zatrzymaj się w tej pozycji przez 10 sekund, a następnie zmień strony

Trening drugi

Całkowity czas treningu: 30 minut

Pamiętaj!

- Zanim zaczniesz trening, dobrze się rozgrzej. Maksymalny wzrost tętna to 140 uderzeń na minutę!
- Wszystkie ćwiczenia wykonuj z ogromną starannością, a nie jak najszybciej. Najlepiej ćwicz przed lustrem, łatwiej wówczas kontrolować technikę i dbać o prawidłową postawę ciała.
- Jeżeli podczas wykonywania poszczególnych ruchów poczujesz dyskomfort (ból brzucha, zawroty głowy, mroczki, skurcze mięśni, duszność itp.), natychmiast przerwij ćwiczenie i zrelaksuj się.
- Trening składa się z dwóch części. W pierwszej części wykonujesz 2–3 obiegi ćwiczeń siłowych – wzmacniających poszczególne partie ciała, które przeplatają się z ćwiczeniami aerobowymi – poprawiającymi wydolność organizmu.
- Ćwiczenia należy wykonywać w określonej jednostce czasu. Ze względu na różny poziom zaawansowania kobiet w ciąży sama ustalasz, ile powtórzeń danego ćwiczenia wykonasz przez 30 sekund.
- Liczba wykonanych obiegów zależy od twojego samopoczucia i kondycji fizycznej, możesz wykonać tylko jeden obieg lub zakończyć sesję po trzech.
- Pomiędzy obiegami robisz 1–2-minutową przerwę. Odpoczywasz, nawadniasz się i jeżeli masz taką potrzebę – rozciągasz poszczególne partie mięśniowe.
- W drugiej części treningu wykonujesz ćwiczenia na macie. Każde ćwiczenie ma przypisaną odpowiednią liczbę powtórzeń i czas na odpoczynek.

ĆWICZENIA DO WYKONANIA

Ćwiczenia wykonujesz według planu, zgodnie z podaną liczbą powtórzeń lub przez określony czas. Do treningu potrzebujesz pary hantli (ciężar dobierasz sama, polecam 1–3 kg) lub dwóch butelek wody (0,5–2 l), maty albo koca oraz stabilnego krzesła lub niskiego stoliczka.

CZĘŚĆ PIERWSZA TRENINGU (Z HANTLAMI)

1. **SIADY** na krzesło z hantlami w dłoniach (30 sekund)
2. **STEP TOUCH** (30 sekund)
3. **ODWODZENIE** ramion w bok w lekkim opadzie tułowia (30 sekund)
4. **HEEL BACK** (30 sekund)
5. **WYKROKI** w miejscu lewą nogą, podpierając się krzesła (30 sekund)
6. **KNEE UP** (30 sekund)
7. **WYKROKI** w miejscu prawą nogą, podpierając się krzesła (30 sekund)
8. **MARSZ W MIEJSCU** (30 sekund)
9. **WZNOSY** hantli przodem, siedząc na krześle (30 sekund)
10. **STEP TOUCH** (30 sekund)
11. **WSPIĘCIA** na palce, trzymając się krzesła (30 sekund)
12. **HEEL BACK** (30 sekund)
13. **POMPKI** tricepsowe na krześle (30 sekund)
14. **KNEE UP** (30 sekund)
15. **UGINANIE** hantlami chwytem neutralnym, trzymając ciężar w górze (30 sekund)

Przerwa 1–2 minuty

CZĘŚĆ DRUGA TRENINGU (NA MACIE)

A. **ODWODZENIE** nogi w tył i bok w pozycji klęku podpartego na macie (3 serie po10 powtórzeń na każdą nogę)

B. **WYCIĄGANIE** przeciwstawnych nogi i ręki w pozycji klęku podpartego przodem na macie (6 serii po 10 sekund każda)

1. SIADY NA KRZESŁO Z HANTLAMI W DŁONIACH

Siadanie na krześle wydaje się proste, jednak po kilku powtórzeniach z dodatkowym obciążeniem z przodu ciała, zaczniesz odczuwać pieczenie w udach.

30 s

usiądź w szerokim rozkroku na krześle, trzymając obciążenie w dłoniach

wstań z krzesła do pozycji pionowej (zachowując cały czas lekko zgięte stawy kolanowe) i powróć do pozycji siedzącej; pamiętaj o zachowaniu wyprostowanej sylwetki, nie bujaj się podczas ćwiczenia

2. STEP TOUCH

30 s

stań w rozkroku, unieś lewe kolano w bok, wróć do pozycji wyjściowej i zrób to samo na prawą nogę

3. ODWODZENIE RAMION W BOK W LEKKIM OPADZIE TUŁOWIA

30 s

chwyć hantle i ustaw je w jednej linii względem siebie na szerokość barków; pochyl się lekko do przodu, zachowując proste plecy i nieco ugięte kolana

przyciągnij hantle na wysokość barków do górnej części klatki piersiowej, zepnij łopatki i powoli opuść hantle, prostując ramiona; głowa ma być przedłużeniem kręgosłupa, nie opuszczaj jej podczas ćwiczenia!

4. HEEL BACK

30 s

stań w rozkroku, ugnij lewą nogę w tył, jakbyś chciała się kopnąć w pośladek; nie dotykaj piętą pośladka, zachowaj kąt 90° pomiędzy łydką a udem; to samo zrób na drugą stronę

5. WYKROKI W MIEJSCU LEWĄ NOGĄ, PODPIERAJĄC SIĘ KRZESŁA

30 s

stań z nogami rozstawionymi na szerokość barków; wykonaj wykrok do tyłu; zachowaj równowagę!

ugnij kolano nogi wykrocznej, aż udo ustawi się w pozycji równoległej do podłoża (kolano nie może dotykać podłoża); wróć do pozycji wyjściowej; dla większego bezpieczeństwa podeprzyj się ramieniem o krzesło lub inny stabilny mebel

6. KNEE UP

30 s

stań w rozkroku, unieś lewe kolano w bok, wróć do pozycji wyjściowej i zrób to samo na prawą nogę

7. WYKROKI W MIEJSCU PRAWĄ NOGĄ, PODPIERAJĄC SIĘ KRZESŁA

Wykonaj identyczne ćwiczenie jak wyżej (nr 5), tyle że tym razem pracuj prawą nogą.

30 s

8. MARSZ W MIEJSCU

30 s

wykonuj rytmiczny marsz w miejscu, pracując jednocześnie i nogami, i rękoma

9. WZNOSY HANTLI PRZODEM, SIEDZĄC NA KRZEŚLE

30 s

usiądź wygodnie na krześle w szerokim rozkroku; wyprostowane ramiona z hantlami ustaw między udami

unieś ciężar do przodu na wysokość barków, pamiętając o zachowaniu wyprostowanej sylwetki; wróć do pozycji początkowej; staraj się podczas wykonywania ćwiczenia nie bujać plecami

10. STEP TOUCH 30 s

11. WSPIĘCIA NA PALCE, TRZYMAJĄC SIĘ KRZESŁA

30 s

stań wyprostowana za krzesłem, podpierając się dłońmi oparcia; wykonaj powolne wspięcie na palce, a następnie wróć do pozycji początkowej

12. HEEL BACK

30 s

13. POMPKI TRICEPSOWE NA KRZEŚLE

30 s

usiądź wygodnie na krawędzi stabilnego krzesła; ustaw łokcie na szerokość barków, a kolana szerzej niż biodra; podeprzyj ciężar ciała na wyprostowanych ramionach, unieś biodra przed krzesło, a następnie, zginając łokcie, opuść ostrożnie korpus; ruch ogranicz do stawów łokciowych, nie pomagaj sobie nogami

14. KNEE UP 30 s

15. UGINANIE HANTLAMI CHWYTEM NEUTRALNYM, TRZYMAJĄC CIĘŻAR W GÓRZE

30 s

usiądź wygodnie na krześle i ustaw zgięte ramiona, trzymając ciężar z przodu ciała

wyprostuj jedno ramię i wróć do pozycji zgięcia w stawie łokciowym, powtórz ruch drugą ręką

A. ODWODZENIE NOGI W TYŁ I BOK W POZYCJI KLĘKU PODPARTEGO NA MACIE

ustaw się w klęku podpartym przodem na macie; przenieś ciężar ciała na niepracującą nogę, drugą 10 razy wykonaj powolne odwodzenie w tył do wyprostu

teraz ugnij pracującą nogę w stawie kolanowym i powtórz 10 odwodzeń w bok; pamiętaj o napiętym delikatnie brzuchu i wyprostowanych ramionach, nie pochylaj głowy w dół ani zanadto nie zadzieraj!

3 serie po 10 powtórzeń na każdą nogę

B. WYCIĄGANIE PRZECIWSTAWNYCH NOGI I RĘKI W POZYCJI KLĘKU PODPARTEGO PRZODEM NA MACIE

ustaw się w klęku podpartym przodem na macie; jednocześnie wyciągnij prawą nogę i lewą rękę, zachowując napięty korpus; zatrzymaj się w tej pozycji przez 10 sekund, a następnie zmień strony

6 serii po 10 s każda

Trening trzeci

Całkowity czas treningu: 20 minut

Ćwiczenia z piłką gimnastyczną to doskonały pomysł na aktywność fizyczną dla każdej kobiety. Piłki są szczególnie przydatne w okresie ciąży, połogu, a nawet w późniejszej zabawie z dzieckiem. Piłka może nam towarzyszyć do samego rozwiązania, bardzo często na salach porodowych jest wykorzystywana do przyspieszenia akcji porodowej. Ten lekki, niedrogi sprzęt w prosty sposób uatrakcyjnia też aktywność fizyczną. Łagodzi bóle pleców i zmniejsza obrzęki nóg, a to z tymi dolegliwościami mają najczęściej do czynienia kobiety w ciąży, szczególnie w trzecim trymestrze.

Jeżeli zamierzasz kupić piłkę gimnastyczną, do czego namawiam, zwróć uwagę na jej rozmiar:

- średnica 55 cm – wzrost do 165 cm
- średnica 65 cm – wzrost do 175 cm
- średnica 75 cm – wzrost do 185 cm
- średnica 85 cm – wzrost powyżej 185 cm.

Piłka musi być wykonana z grubego materiału antypoślizgowego i nie może zawierać żadnych kolców ani wypustek – będą cię drażniły podczas ćwiczeń (takie są przeznaczone wyłącznie do masażu).

Pamiętaj!

- Zanim zaczniesz trening, dobrze się rozgrzej.
- Każde ćwiczenie wykonujesz w granicach własnych możliwości, dbając o prawidłową postawę ciała i bezpieczeństwo dziecka.
- Trening składa się z 5 ćwiczeń łączonych.
- Zalecam wykonywanie 2 serii każdego ćwiczenia łączonego. Po każdej serii powinnaś odpocząć co najmniej 30 sekund.

ĆWICZENIA DO WYKONANIA

Ćwiczenia wykonujesz według planu, zgodnie z podaną liczbą powtórzeń i liczbą serii. Do treningu potrzebujesz piłki gimnastycznej.

1a. **WĘDRUJĄCE PÓŁPRZYSIADY** z popychaniem piłki przed sobą (10–20 powtórzeń)

1b. **STEP TOUCH** z piłką trzymaną z boku ciała (20 powtórzeń)
2 serie (1a + 1b), po każdej serii odpoczynek 30 sekund

2a. **ŚCISKANIE PIŁKI** trzymanej na wysokości barków w pozycji stojącej (10–20 powtórzeń)

2b. **HEEL BACK** z ruchem piłki na boki (20 powtórzeń)
2 serie (2a + 2b), po każdej serii odpoczynek 30 sekund

3a. **ODWODZENIE NÓG** w tył na zmianę w podporze na piłce (20 powtórzeń)

3b. **WZNOSY RAMION** w przód, trzymając piłkę (10 powtórzeń)
2 serie (3a + 3b), po każdej serii odpoczynek 30 sekund

4a. **BALANS CIAŁA**, trzymając się jedną dłonią piłki (10 powtórzeń na każdą stronę)

4b. **WYCIĄGANIE SYLWETKI** w siadzie na piętach oburącz (10 powtórzeń)
2 serie (4a + 4b), po każdej serii odpoczynek 30 sekund

5a. **UNOSZENIE BIODER**, leżąc tyłem na macie (10–15 powtórzeń)

5b. **SKRĘTY UD** na boki (10 powtórzeń)
2 serie (5a + 5b), po każdej serii odpoczynek 30 sekund

1a. WĘDRUJĄCE PÓŁPRZYSIADY Z POPYCHANIEM PIŁKI PRZED SOBĄ

x 10–20

stań w szerokim rozkroku lekko pochylona ku przodowi, podpierając dłońmi piłkę, zrób półprzysiad

wykonaj kilka kroków w przód, przesuwając piłkę ku przodowi, i kilka kroków w tył, cofając piłkę; zrób zalecaną liczbę powtórzeń

1b. STEP TOUCH Z PIŁKĄ TRZYMANĄ Z BOKU CIAŁA

x 20

po wykonaniu serii wędrujących półprzysiadów, stań wyprostowana, trzymając piłkę z boku ciała, i wykonaj rytmiczne kroki dostawne

całość: 2 serie (1a + 1b)

2a. ŚCISKANIE PIŁKI TRZYMANEJ NA WYSOKOŚCI BARKÓW W POZYCJI STOJĄCEJ

x 10–20

stań wyprostowana w lekkim rozkroku, trzymając piłkę na wysokości klatki piersiowej

powoli uciskaj środek piłki, zatrzymując się w napięciu na 1–2 sekundy; zrób zalecaną liczbę powtórzeń

2b. HEEL BACK Z RUCHEM PIŁKI NA BOKI

x 20

po wykonaniu serii uciśnięć przejdź do kroku heel back, jednocześnie przenosząc rytmicznie piłkę na boki ciała

całość: 2 serie (2a + 2b)

3a. ODWODZENIE NÓG W TYŁ NA ZMIANĘ W PODPORZE NA PIŁCE

x20

stań w lekkim rozkroku i pochyl się do piłki; zachowując wyprostowane plecy, oprzyj dłonie na piłce

unieś jedną nogę w tył, utrzymując ciężar ciała na drugiej; wróć do pozycji wyjściowej i zmień pracującą nogę

3b. WZNOSY RAMION W PRZÓD, TRZYMAJĄC PIŁKĘ

x10

po wykonaniu serii odwodzeń wyprostuj się i unieś ramiona do przodu na wysokość barków; zachowaj minimalne zgięcie w stawach łokciowych podczas wznoszenia rąk

całość: 2 serie (3a + 3b)

4a. BALANS CIAŁA, TRZYMAJĄC SIĘ JEDNĄ DŁONIĄ PIŁKI

X 10
na każdą stronę

ustaw się w klęku podpartym przodem na macie; podeprzyj dłoń pracującego ramienia na piłce

wyciągnij jednocześnie prawą nogę i lewe ramię, zachowując napięty korpus; piłka przesuwa się do przodu i wraca z dłonią do pozycji początkowej; utrzymaj pozycję przez 1–2 sekundy; po wykonaniu 10 powtórzeń zmień strony

4b. WYCIĄGANIE SYLWETKI W SIADZIE NA PIĘTACH OBURĄCZ

X 10

po zakończeniu części pierwszej usiądź pośladkami na piętach, ustawiając kolana szerzej niż biodra; wykonaj skłon w przód, przesuwając jednocześnie piłkę, i wróć do pozycji początkowej

całość: 2 serie (4a+4b)

5a. UNOSZENIE BIODER, LEŻĄC TYŁEM NA MACIE

X 10–15

leżąc tyłem na macie, ustaw łydki na piłce szerzej niż biodra, ręce wzdłuż tułowia

powoli unieś biodra i zatrzymaj na 2 sekundy, napinając mięśnie pośladkowe; nie unoś zbyt wysoko pośladków, możesz wtedy odczuwać bolesność w kręgosłupie

5b. SKRĘTY UD NA BOKI

X 10

po zakończeniu pierwszego ćwiczenia wyciągnij wyprostowane ramiona na bok; ściskając łydkami delikatnie piłkę przenoś ciężar ciała raz na lewą, raz na prawą stronę; nie odrywaj pleców i ramion od podłoża

całość: 2 serie (5a+5b)

Trening czwarty

Całkowity czas treningu: 40 minut

Jedną z najtrudniejszych rzeczy w ciąży jest zmobilizowanie się do podjęcia aktywności fizycznej. Kluczową rolę powinna odgrywać tu druga osoba. W końcu to ON jest po części sprawcą całego cudownego zamieszania. Najsprawiedliwiej byłoby, gdyby to facet nosił ciążę przez połowę czasu, a kobieta potem mogła spokojnie urodzić. Niestety to niemożliwe, ale partner może nas wspierać i pomóc zadbać o formę fizyczną, która wraz z rozwojem ciąży jest coraz gorsza. Wspólny trening to również okazja do spędzenia więcej czasu we dwoje.

Pamiętaj!

- Tak jak w przypadku każdego innego treningu, ćwiczenia należy poprzedzić rozgrzewką.
- Do treningu przygotujcie większą przestrzeń.
- Trening z partnerem wykonujemy wyłącznie z wykorzystaniem ciężaru własnego ciała.
- Nie spieszcie się z poszczególnymi ćwiczeniami, zadbajcie o prawidłową technikę, obserwując siebie nawzajem.
- Każde ćwiczenie należy powtórzyć 10–20 razy.
- Po wykonaniu 2–3 serii każdego ćwiczenia (w zależności od waszej sprawności fizycznej i samopoczucia) przechodzicie do kolejnego.

ĆWICZENIA DO WYKONANIA

Ćwiczenia wykonujecie według planu, zgodnie z podaną liczbą powtórzeń i liczbą serii. Do treningu potrzebujcie dwóch mat lub koców oraz butelki wody lub niewielkiego hantla.

1. **PÓŁPRZYSIADY** w szerokim rozkroku (2–3 serie po 10–20 powtórzeń)
2. **WYKROKI W TYŁ**, trzymając się oburącz ramion partnera (2–3 serie po 10–20 powtórzeń)
3. **SKRĘTY** tułowia, stojąc (2–3 serie po 10–20 powtórzeń)
4. **POMPKI TRICEPSOWE** w podporze na kolanach partnera (2–3 serie po 10–20 powtórzeń)
5. **WSPIĘCIA NA PALCE** w szerokim rozkroku (2–3 serie po 10–20 powtórzeń)

6a. **POMPKI KLASYCZNE** na podłożu – wykonuje partner

6b. **POMPKI DAMSKIE** – wykonuje partnerka
(6a + 6b: – 2–3 serie po 10–20 powtórzeń)

7. **PRZENOSZENIE CIĘŻARU CIAŁA** na wyprostowanych nogach i w klęku podpartym (2–3 serie po 10–20 powtórzeń)
8. **BALANS CIAŁEM** w podporze przodem i w klęku podpartym (2–3 serie po 10–20 powtórzeń)
9. **WZNOSY NÓG**, leżąc tyłem na macie, i podpór tyłem na macie ze zgiętymi kolanami
(2–3 serie po 10–20 powtórzeń)

Pomiędzy seriami przerwa 30 sekund, a pomiędzy poszczególnymi ćwiczeniami: 30–60 sekund.

1. PÓŁPRZYSIADY W SZEROKIM ROZKROKU

stańcie naprzeciwko siebie w szerokim rozkroku i splećcie dłonie, krzyżując ramiona

wykonajcie półprzysiad, jednocześnie odwodząc przeciwległą rękę w bok; zachowując wyprostowaną sylwetkę, wróćcie do pozycji początkowej

2–3 serie
po 10–20 powtórzeń

2. WYKROKI W TYŁ, TRZYMAJĄC SIĘ OBURĄCZ RAMION PARTNERA

stańcie z nogami rozstawionymi na szerokość barków; jeżeli pracujesz prawą nogą, w tym samym czasie twój partner wykonuje ruch lewą; zachowajcie równowagę!

wykonajcie wykrok w tył, trzymając się za dłonie; kolano nogi wykrocznej zgina się, aż udo ustawi się w pozycji równoległej do podłoża (kolano nie może dotykać podłoża); wróćcie do pozycji początkowej i zmieńcie nogę pracującą

2–3 serie
po 10–20 powtórzeń

3. SKRĘTY TUŁOWIA, STOJĄC

2–3 serie po 10–20 powtórzeń

ustawcie się w lekkim rozkroku, tyłem do siebie; trzymając oburącz butelkę wody (lub niewielki ciężarek), wykonujesz skręt tułowia w bok i przekazujesz ją partnerowi; skręcacie sylwetki w drugą stronę, odbierasz butelkę od partnera; nie wykonuj zbyt mocnych i dynamicznych skrętów na boki w przeciwieństwie do partnera

4. POMPKI TRICEPSOWE W PODPORZE NA KOLANACH PARTNERA

partner siada tyłem na macie, ustawia ramiona i stopy na szerokość barków, następnie unosi biodra i utrzymuje taką pozycję przez cały czas trwania serii; ustaw się przed nim i podeprzyj dłonie na jego kolanach; stopy szerzej niż biodra, abyś mogła wygodniej wykonywać ruch

5. WSPIĘCIA NA PALCE W SZEROKIM ROZKROKU

2–3 serie po 10–20 powtórzeń

stańcie naprzeciwko siebie w szerokim rozkroku i spleććie dłonie, krzyżując ramiona; wykonajcie półprzysiad

wykonajcie maksymalne wspięcie na palce, pamiętając o zachowaniu wyprostowanej sylwetki; zatrzymajcie napięcie przez 2 sekundy i wróćcie do pozycji wyjściowej

2–3 serie po 10–20 powtórzeń

unieś biodra przed partnerem, a następnie, zginając łokcie, opuść ostrożnie korpus, zachowując napięte ciało; ruch ogranicz do stawów łokciowych, nie pomagaj sobie nogami

WERSJA ŁATWIEJSZA

Jeżeli prezentowane ćwiczenie jest za trudne lub obawiasz się upadku na nogi partnera, możesz ustawić się tak jak partner i wykonać lekkie zgięcia stawów łokciowych, dotykając pośladkami podłoża.

6a. POMPKI KLASYCZNE NA PODŁOŻU – WYKONUJE PARTNER

Ten zestaw ćwiczeń składa się z dwóch części (6a i 6b). Najpierw pompki wykonuje partner, potem to my ćwiczymy, opierając się na partnerze.

połóż się przodem na macie i rozstaw zgięte ramiona (kąt prosty pod łokciami) na wysokości barków; unieś ciężar ciała, wyprostowując ramiona w stawach łokciowych

utrzymując napięte ciało, wyprostowane uda, wykonaj pełną pompkę, zbliżając sylwetkę do podłoża, wróć do pozycji początkowej; nie wykonuj przeprostów ramion

6b. POMPKI DAMSKIE – WYKONUJE PARTNERKA

stańcie naprzeciwko siebie w lekkim rozkroku, unieście ramiona na wysokość barków i spleććie dłonie; partner stoi stabilnie, może się zapierać jedną nogą z tyłu ciała; zginasz ramiona w stawach łokciowych i powoli zbliżasz się do torsu partnera; wracasz do pozycji początkowej; pamiętaj o zachowaniu wyprostowanej sylwetki

7. PRZENOSZENIE CIĘŻARU CIAŁA NA WYPROSTOWANYCH NOGACH I W KLĘKU PODPARTYM

2-3 serie po 10-20 powtórzeń

ustawcie się naprzeciwko siebie w klęku podpartym przodem na macie; partner prostuje uda w stawach kolanowych

przenieście ciężar ciała na jedno ramię, wyciągając w bok drugie; ruch, jaki wykonujesz, ma być w granicach twoich możliwości; zmieńcie stronę pracującą

8. BALANS CIAŁEM W PODPORZE PRZODEM I W KLĘKU PODPARTYM

ustawcie się naprzeciwko siebie w klęku podpartym przodem na macie; partner prostuje nogi; wyciągnij jednocześnie prawą nogę i lewe ramię, zachowując napięty korpus, partner pracuje przeciwną stroną względem ciebie; zmieńcie pracujące strony

6a+6b: 2-3 serie po 10-20 powtórzeń

9. WZNOSY NÓG, LEŻĄC TYŁEM NA MACIE, I PODPÓR TYŁEM NA MACIE ZE ZGIĘTYMI KOLANAMI

usiądź tyłem na macie i ustaw stopy oraz dłonie na szerokość barków; następnie unieś biodra i utrzymaj taką sylwetkę przez całą serię ćwiczenia partnera

partner, leżąc tyłem na macie, unosi wyprostowane nogi i przenosi je nad twoimi zgiętymi kolanami; plecy partnera nie mogą się odrywać od podłoża

2–3 serie
po 10–20 powtórzeń

Rock n Roll

Trening mięśni Kegla

Ćwiczenia wzmacniające mięśnie dna miednicy

Ćwiczenia wzmacniające dno miednicy poprawiają ukrwienie tkanek, wzmacniają i uelastyczniają mięśnie odpowiedzialne za podtrzymanie narządów dróg rodnych i pęcherza moczowego, polepszają satysfakcję seksualną oraz umożliwiają lepsze sterowanie mięśniami w drugim okresie porodu. Dzięki regularnym ćwiczeniom zmniejszysz ryzyko pęknięcia krocza podczas porodu i unikniesz lub zminimalizujesz problem nietrzymania moczu. Zachęcam do wykonywania tych ćwiczeń po treningu I, II, III lub IV.

Wzmacniać dno miednicy można tak naprawdę o każdej porze dnia w dowolnym miejscu, ponieważ ćwiczenia te są niewidoczne dla otoczenia. Nie są wysiłkowe, wymagają jednak koncentracji i kontroli ciała. Jeśli masz problem ze zlokalizowaniem tej partii mięśni, spróbuj wstrzymać strumień moczu – właśnie uaktywniłaś mięśnie dna miednicy.

Pamiętaj!

- Ćwiczenia możesz wykonywać w dowolnej pozycji (na stojąco, siedząco, leżąco).
- Ćwiczenia wykonaj do 10 powtórzeń. Jeżeli zmęczysz się szybciej, nie rób kolejnego powtórzenia. Ważna jest precyzja, a nie ilość.
- Podczas ćwiczeń staraj się zachować swój naturalny rytm oddechowy, nie wstrzymuj powietrza!
- Podczas ćwiczeń nie napinaj mięśni ud, pośladków i brzucha. Jeżeli pierwszy raz ćwiczysz ten obszar ciała, rozpocznij od pozycji leżącej i kontroluj dłonią mięśnie brzucha, czy nie ulegają napięciu.
- Jeśli odczujesz dyskomfort podczas napinania mięśni Kegla, np. ból podbrzusza, przerwij dalsze ćwiczenia.

PROPONOWANE ĆWICZENIA

1. STOJĄC W LEKKIM ROZKROKU

ustaw stopy szerzej niż linia barków, wyprostuj się i ściągnij delikatnie łopatki do tyłu, nie zadzieraj głowy, ręce połóż na talii lub puść luźno wzdłuż tułowia; wykonaj wdech, tak by brzuch zwiększył swoją objętość – w tym momencie mięśnie dna miednicy są rozluźnione; następnie wykonaj wydech – brzuch wraca do początkowego wyglądu, a mięśnie dna miednicy podciągają się ku górze i napinają; ruch przypomina jazdę windy na wyższe piętra; pamiętaj, aby nie napinać pośladków ani brzucha

WERSJA ODDECHOWA I

Zaciśnij zwieracze, wytrzymaj – policz do pięciu na wydechu – rozluźnij – policz do dziesięciu i zrób wdech. Powtórz to ćwiczenie 10 razy; odpocznij.

WERSJA ODDECHOWA II

Zaciśnij zwieracze – policz w skurczu do pięciu – rozluźnij – policz do pięciu – zaciśnij – policz do siedmiu – rozluźnij – policz do czternastu. Powtórz ćwiczenie 5 razy; odpocznij.

2. W SIADZIE NA PIĘTACH, PODPIERAJĄC SIĘ PODŁOŻA WYPROSTOWANYMI RĘKOMA

rozsuń kolana szerzej niż linia bioder, oprzyj dłonie z przodu ciała i przenieś na nie swój ciężar, opuść barki, wyciągnij szyję i wyprostuj plecy; wykonaj wdech, poczujesz, jak żebra rozsuwają się na zewnątrz; kiedy przystąpisz do wydechu, brzuch wróci do pozycji początkowej, a mięśnie dna miednicy podciągną się ku górze; prawidłowe napinanie mięśni przypomina zapinanie zamka przyciasnych spodni; zrób 10 pełnych wdechów – napinając zwieracze, i 10 głębokich wydechów – rozluźniając zwieracze

Rozciągaj się!

Zalecany czas rozciągania: co najmniej 10 minut

Rosnący brzuszek powoduje naturalne pogłębianie się lordozy odcinka lędźwiowego kręgosłupa. Dzieje się tak, ponieważ kręgosłup równoważy zwiększający się ciężar z przodu ciała, aby środek ciężkości znajdował się nadal nad stopami. Poza tym na stan naszego kręgosłupa i wszystkich stawów ogromny wpływ mają przybywające nam kilogramy.

Nie jesteśmy w stanie zmienić przebiegu ciąży, możemy jednak w prosty i przyjemny sposób sobie pomóc. Jak? Przede wszystkim unikamy sytuacji, w których narażamy się na przeciążenia. Oczywiście nie mam na myśli zaprzestania wykonywania podstawowych czynności domowych, bo prawie żadna z nas na taki luksus nie może sobie pozwolić. Ważne jednak, aby do ciężkich czynności, jak zakupy czy wyrzucanie śmieci, zaangażować pozostałych domowników. Poza tym, jeżeli musimy już coś dźwignąć, pamiętajmy o prawidłowej postawie, tzn. ściągniętych łopatkach, napiętym delikatnie brzuchu, wyprostowanych plecach i wykonywaniu półprzysiadu. Podczas ciąży nie polecam noszenia torebek lub teczek na jednym ramieniu ani wkładania szpilek. Wygodne buty na płaskiej podeszwie i plecak, który równomiernie obciąży barki, to lepsze wybory.

Doskonałą formą złagodzenia bólów pleców jest masaż. Jeżeli nie masz czasu na wizyty u fizjoterapeuty, poproś o jego zrobienie najbliższą osobę. Sprawi ci ogromną ulgę, wiem po sobie! Warto również wykonywać regularne ćwiczenia rozciągające. Dzięki nim zmniejszysz bolesność pleców, a jednocześnie przygotujesz ciało do łatwiejszego porodu.

Pamiętaj!

- Ćwiczenia rozciągające możesz wykonywać w dowolnym czasie.
- Stretchingiem i relaksacją kończ każdy trening.

1. ROZCIĄGANIE RAMION DO BOKU, DO PRZODU I ZA GŁOWĘ

Usiądź wygodnie w siadzie skrzyżnym na macie i rozpocznij od rozciągnięcia ramion do boku, do przodu i za głowę. Dzięki temu rozluźnisz mięśnie naramienne, trójgłowe i dwugłowe ramion.

każda pozycja co najmniej 10 s

2. ROZCIĄGANIE MIĘŚNI KLATKI PIERSIOWEJ I GRZBIETU

rozłóż szeroko ramiona na zewnątrz, wyciągnij grzbiet; następnie zbliż do siebie ręce, zaokrąglając plecy

wyciągnij ramię w górę i w bok, rozciągając mięśnie najszersze grzbietu; pamiętaj, aby utrzymać wyprostowane plecy i nienapięte nogi w pozycji skrzyżnej; zmień stronę

każda pozycja co najmniej 10 s

3. ROZCIĄGANIE MIĘŚNI WEWNĘTRZNEJ STRONY UD I POŚLADKÓW

złącz stopy ze sobą i wykonaj delikatne skłony do przodu, pamiętając o zachowaniu odpowiedniego dystansu między brzuszkiem a udami

następnie wyprostuj jedną nogę, pozostawiając szeroki rozkrok między udami, i wykonaj delikatny skłon w kierunku zadartych palców stopy

2 razy po 10 s
na każdą nogę

4. ROZCIĄGANIE KRĘGOSŁUPA 10 s

przejdź do klęku podpartego przodem na macie i zrób koci grzbiet; poczuj, jak przyjemnie rozciąga się cały kręgosłup i mięśnie grzbietu

5. ROZCIĄGANIE MIĘŚNI POŚLADKOWYCH

z pozycji klęku podpartego wyciągnij jedną nogę do tyłu; przenieś ciężar ciała na zgiętą nogę pozostawioną z przodu; po10 sekundach wróć do pozycji początkowej i rozciągnij drugą stronę

10 s na każdą stronę

6. ROZCIĄGANIE MIĘŚNI UDOWYCH

3 razy po 10 s

rozstaw kolana szerzej niż biodra i usiądź na piętach; podpierając się na wyprostowanych ramionach, unieś delikatnie biodra do przodu i wytrzymaj w tej pozycji kilka sekund

przenieś ciężar ciała do przodu, wykonując delikatny skłon i wyciągając proste ramiona przed siebie, a następnie na boki; pamiętaj, aby nie kłaść się ciężarem ciała na brzuch; pozostaw odpowiednią przestrzeń pomiędzy brzuchem a matą

10 s na każdą stronę

7. ROZLUŹNIANIE ODCINKA LĘDŹWIOWEGO KRĘGOSŁUPA

leżąc tyłem na macie, przyciągnij kolejno prawe, a następnie lewe zgięte kolano do boku ciała, pozostawiając swobodną przestrzeń dla brzucha pomiędzy udami

przenieś ciężar ciała na prawą, a następnie na lewą stronę grzbietu, wykonując rytmiczny ruch bujawki; nie dotykaj kolanami podłoża i nie odrywaj pleców

8. RELAKSACJA I WYCISZENIE

przenieś ciężar ciała na lewą stronę i połóż się wygodnie w pozycji bocznej bezpiecznej, układając głowę na wyprostowanym ramieniu; jeżeli w pobliżu masz poduszkę, umieść ją między kolanami; drugą dłonią przytul brzuch; zamknij oczy i wycisz się, wykonując głębokie wdechy nosem i wydechy ustami; zapomnij o wszystkich problemach i przekaż kilka ciepłych słów swojemu maluszkowi

Uwielbiam te małe kopniaki

CHYBA WYROŚNIE
Z NIEGO MAŁY
SPORTOWIEC

- Natalia Gacka

Zdrowa dieta przyszłej mamy

W okresie ciąży pokarm spożywany przez matkę dostarczany jest również dziecku. Dlatego tak ważne jest odpowiednie żywienie przez całe 9 miesięcy. Dieta ma ogromny wpływ na nasze zdrowie, samopoczucie i wygląd zewnętrzny, tak samo wpływa ona na rozwijający się płód. Jadłospis przyszłej mamy powinien być zróżnicowany i bogaty w składniki odżywcze. Zbilansowane i zdrowe posiłki wpłyną korzystnie na prawidłowy rozwój maleństwa, zmniejszą ryzyko powstawania wad genetycznych oraz zwiększą prawdopodobieństwo urodzenia dziecka o właściwej masie ciała.

Mam nadzieję, że zaczęłaś się zastanawiać, co powinnaś spożywać, aby przyczynić się do prawidłowego rozwoju płodu. Czy coraz więcej czasu poświęcasz na czytanie etykiet produktów, które do tej pory odruchowo wrzucałaś do koszyka? Jakich produktów powinnaś się wystrzegać, a które obowiązkowo powinny się znaleźć w tygodniowym jadłospisie? Na wszystkie te pytania i wiele innych odpowiadam w tym rozdziale.

***

Podstawę zdrowej diety kobiety ciężarnej powinny stanowić produkty bogate w witaminy i składniki mineralne. To właśnie od nich w dużej mierze zależy, jak będzie się rozwijał płód.

WITAMINY

Witaminy spełniają szereg ważnych funkcji w organizmie, dlatego tak bardzo istotne jest ich odpowiednie uzupełnianie. Ponieważ większość z nich nie jest syntetyzowana w naszym ciele, aby zapewnić dziecku prawidłowy rozwój i nie dopuścić do komplikacji różnych procesów życiowych, musisz je obowiązkowo spożywać każdego dnia.

- **Witamina A (retinol)** należy do grupy witamin rozpuszczalnych w tłuszczach (pozostałe to D, E i K), bierze udział w procesach wzrostowych oczu, kości, skóry, włosów i zębów. Wpływa na układ odpornościowy dziecka. Jej niedobór, jak i nadmiar, jest bardzo szkodliwy dla płodu. Zbyt niski poziom witaminy A może spowodować przedwczesny poród i problemy dziecka ze wzrokiem, natomiast długotrwałe, nadmierne jej przyjmowanie czasem przyczynia się do powstania wad genetycznych. Bardzo często lekarze zalecają preparaty witaminowe zawierające w swoim składzie witaminę A.
  Żywność bogata w witaminę A: ser, masło, żółtka jaj, mleko, tłuste ryby morskie, wątroba wieprzowa.
- **Witamina D (kalcyferol)** stanowi budulec dla kości i zębów dziecka, wzmacnia system immunologiczny, umożliwia lepszą resorpcję wapnia i fosforanów w jelitach, dlatego tak istotna jest odpowiednia jej podaż w diecie. Niedobór grozi rozwojem bardzo słabego szkieletu u niemowlaka, powstaniem krzywicy i ryzykiem stanu przedrzucawkowego, a u kobiet ciężarnych – odwapnieniem i rozmiękczeniem kości. W produktach spożywczych witamina D występuje w niewielkich ilościach, około 80% jest syntetyzowana przez skórę z pomocą promieni słonecznych.
  Na niedobory witaminy D są narażone głównie kobiety mające mały kontakt ze słońcem, dlatego tak ważne jest aktywne spędzanie wolnego czasu na świeżym powietrzu. Nadmiar witaminy D prowadzi do zatrucia organizmu, a jest on możliwy w wyniku przedawkowania preparatów witaminowych. Skutkuje to złym samopoczuciem, osłabieniem oraz zwiększonym stężeniem wapnia we krwi lub w moczu, co wpływa na pracę serca, nerek, wątroby.
  Żywność bogata w witaminę D: jaja, masło, sery, mleko, tłuste ryby morskie.
- **Witamina E (tokoferol)** określana jest mianem biologicznego przeciwutleniacza, chroni organizm przed działaniem nadtlenków i wolnych rodników. Jej niedobór wywołuje zmiany zwyrodnieniowe w układzie nerwowym, dystrofię mięśni, zaburzenia w czasie ciąży,

obumieranie płodu i może przyczynić się do zwiększonego ryzyka poronienia.
Żywność bogata w witaminę E: zielona pietruszka, szpinak, kukurydza, sałata, żółtka jaj, mleko i przetwory mleczne, produkty zbożowe gruboziarniste, nasiona i orzechy.

- **Witamina K (filochinon)** to ostatnia z grupy witamin rozpuszczalnych w tłuszczach. Jest niezbędna w prawidłowym krzepnięciu krwi, wspomaga procesy gojenia. Jej niedobór może przyczyniać się do występowania krwawień zewnętrznych u kobiety ciężarnej lub krwawień wewnętrznych u płodu. Na szczęście niedobory tej witaminy zdarzają się rzadko ze względu na jej dostępność w produktach spożywczych. Zapotrzebowanie na witaminę K jest trudne do ustalenia, gdyż jest ona syntetyzowana przez florę bakteryjną przewodu pokarmowego. Odpowiednia podaż tego związku staje się istotna w momencie urodzenia dziecka, ze względu na słabo rozwiniętą flotę jelitową niemowląt.
  Żywność bogata w witaminę K: banany, jabłka, awokado, szpinak, szparagi, brokuły, kalafior, kapusta, jaja, masło.
- **Witamina B_1 (tiamina)** rozpoczyna grupę witamin rozpuszczalnych w wodzie. Bierze ona udział w przemianie węglowodanów, odpowiada za regulowanie dostaw węglowodanów do płodu, wspiera prawidłowe funkcjonowanie mózgu. Niedobór tiaminy u dziecka może powodować niedorozwój i nieregularną pracę serca, a u matki – zmęczenie, zaburzenia w trawieniu i przyswajaniu składników pokarmowych.
  Żywność bogata w witaminę B_1: otręby, pieczywo razowe, płatki owsiane, kasza, orzechy, nasiona roślin strączkowych (soja, groch, fasola), mięso, mleko, jaja.
- **Witamina B_2 (ryboflawina)** odgrywa ważną rolę w funkcjonowaniu narządu wzroku płodu, wpływa na system odpornościowy, stabilizuje apetyt mamy. Niedobór ryboflawiny może doprowadzić do niedokrwistości, zaburzeń funkcjonowania układu pokarmowego i odpornościowego płodu, a u mamy objawiać się światłowstrętem, zajadami w kącikach ust i pieczeniem oczu.
  Żywność bogata w witaminę B_2: wątroba, mleko, sery, jogurty, jaja, drób, groch.

- **Witamina B_3 (niacyna; witamina PP)** uczestniczy w przemianie białek, węglowodanów i tłuszczów, usuwa nadmiar cholesterolu z tętnic, wpływa na prawidłową pracę mózgu przez rozszerzanie naczyń krwionośnych. Jej niedobór prowadzi do rozwoju pelagry, rzadko spotykanej w dzisiejszych czasach, nadmiar może skutkować świądem skóry i problemami żołądkowymi.
Żywność bogata w witaminę B_3: wątroba, czerwone mięso, ryby, drób, cielęcina, jagnięcina, rośliny strączkowe, otręby pszenne, orzechy.
- **Witamina B_6 (pirydoksyna)** bierze udział w przemianie białek, węglowodanów i tłuszczów, jest konieczna do tworzenia hormonów: serotoniny i adrenaliny. Odpowiednia jej ilość zmniejsza ryzyko wystąpienia wad cewy nerwowej u płodu. Według przeprowadzonych badań zmniejsza problem porannych mdłości. Niedobór pirydoksyny może powodować pobudliwość nerwową, zmiany skórne również u płodu, drętwienie stóp i dłoni, niedokrwistość.
Żywność bogata w witaminę B_6: otręby pszenne, nasiona roślin strączkowych, orzechy, mięso, mleko, jaja, pomidory, szpinak, awokado.
- **Witamina B_7 (biotyna; witamina H)** zwana jest czynnikiem wzrostowym, ponieważ występuje w dużych ilościach w tkankach płodowych, wspomaga trawienie tłuszczów i węglowodanów. Jej niedobór może skutkować zaburzeniami w prawidłowym rozwoju płodu, a u kobiety ciężarnej objawiać się ciągłym zmęczeniem, wypadaniem włosów, nudnościami, problemami skórnymi i bólami mięśni.
Żywność bogata w witaminę B_7: żółtka jaj, wątroba, warzywa strączkowe, orzechy, awokado, kalafior, banany.
- **Witamina B_{12} (kobalamina)** obok folianów jest niezbędna w tworzeniu czerwonych i białych krwinek, bierze udział w syntezie DNA, aminokwasów i białek szpiku. Jej niedobór jest bardzo niebezpieczny, może wywołać powstanie wad cewy nerwowej, a mianowicie rozszczepu kręgosłupa, zahamowanie wzrostu oraz rozwoju komórek i zmian zwyrodnieniowych nerwów obwodowych.
Żywność bogata w witaminę B_{12}: mięso, ryby i nabiał.
- **Cholina** usprawnia pracę mózgu, przyczynia się do szybszego zapamiętywania, co istotne dla kobiet ciężarnych, którym zdarza

się zapominać, poza tym zabezpiecza płód przed powstaniem wad wrodzonych. Jej metabolizm jest ściśle powiązany z cyklem kwasu foliowego.

Żywność bogata w cholinę: żółtko jaja, wołowina, kurczak, ryby, warzywa kapustne.

- **Witamina B_9 (foliany; kwas foliowy)** jest niezbędnym składnikiem odżywczym w diecie kobiety ciężarnej. Występuje w dwóch postaciach: naturalnej (foliany) i syntetycznej (kwas foliowy). Witamina B_9 jest odpowiedzialna za wiele ważnych funkcji w organizmie, wśród których najważniejszą z punktu widzenia ciąży jest wspomaganie prawidłowego rozwoju cewy nerwowej u płodu. Bierze udział w procesach podziału komórkowego, ma wpływ na prawidłową masę urodzeniową noworodka, a także zmniejsza ryzyko przedwczesnego porodu. Jej niedobór może wywołać zmiany w układzie nerwowym. Przyczyną niedoboru tego składnika odżywczego może być niewłaściwe odżywianie kobiety przed ciążą oraz w jej trakcie, a także niedostateczna wchłanialność z jelit.

Powszechnie znany kwas foliowy stosowany jest w suplementach witaminowych oraz dodawany do żywności przetworzonej. Przez wiele lat uważany był za najbardziej wchłanialną postać witaminy B_9. Jednak ostatnie wyniki badań naukowych sugerują, że naturalna postać, czyli foliany, skuteczniej zaspakajają potrzeby organizmu. Różnica polega na dłuższej drodze metabolicznej kwasu foliowego, która wymaga obecności innych enzymów i związków, przez co jest bardziej skomplikowana, a często nieefektywna.
Niewykorzystany kwas foliowy, krążąc po krwioobiegu w nadmiarze, może przyczyniać się do wystąpienia różnych zaburzeń zdrowotnych, np. zmian przedrakowych. Najbezpieczniej przyjmować witaminę B_9 w naturalnej postaci (żywność) i wspomagać się odpowiednimi suplementami zawierającymi w swoim składzie foliany (metafolinę), a nie sam kwas foliowy.
Żywność bogata w foliany: sałata, szpinak, jarmuż, nać pietruszki, brokuły, owoce cytrusowe, awokado, rośliny strączkowe, pełne ziarna zbóż.

- **Witamina C (kwas askorbinowy)** ma wielofunkcyjne zastosowanie w organizmie ludzkim. Odgrywa ważną rolę w przemianie aminokwasów, syntezie hormonów steroidowych, barwników skóry, chroni organizm przed działaniem wolnych rodników i innych toksycznych substancji. Niedobór witaminy C objawia się ogólnym osłabieniem, nasilającym się zmęczeniem, brakiem łaknienia, a nawet krwawiącymi dziąsłami, na co są szczególnie narażone kobiety ciężarne. Aby zabezpieczyć odporność mamy i rozwijającego się dziecka, zapewnić prawidłowy wzrost mięśni, chrząstek i naczyń krwionośnych płodu, przyczynić się do osiągnięcia prawidłowej masy urodzeniowej potomka, trzeba regularnie spożywać produkty bogate w tę witaminę.Należy jednocześnie zwrócić uwagę na to, iż kwas askorbinowy zawarty w warzywach i owocach jest nietrwały, bardzo czuły na działanie choćby wysokich temperatur. Niewłaściwe przygotowanie potraw będzie więc skutkować utratą większości tej drogocennej witaminy.
  Żywność bogata w witaminę C: owoce dzikiej róży, jagody, truskawki, cytrusy, warzywa kapustne, zielona pietruszka, pomidory, papryka.

SKŁADNIKI MINERALNE

Podobnie jak witaminy są niezbędne dla dobrego rozwoju dziecka.

- **Magnez** to bardzo istotny makropierwiastek w diecie przyszłej mamy. Jest on potrzebny do budowania układu kostnego dziecka, jest też niezbędny w przemianie materii. Jego zadaniem jest również rozluźnianie mięśni, co ma ogromne znaczenie w wypadku zbyt wczesnych skurczów macicy. Niedobór magnezu może się przyczyniać do ograniczonego wzrostu płodu.
  Żywność bogata w magnez: kiełki zbóż, nasiona roślin strączkowych, produkty zbożowe z pełnego przemiału, banany, orzechy.
- **Jod** jest składnikiem hormonów tarczycy, niezbędnym do prawidłowego wzrostu i osiągnięcia dojrzałości płciowej. Rozwijający się płód potrzebuje jodu do prawidłowego rozwoju układu nerwowego. Pierwiastek ten zapobiega poronieniu i przedwczesnemu porodowi. Jego niedobór może prowadzić do niedorozwoju umysłowego płodu, niedoczynności tarczycy lub, przy nadmiarze – nadczynności.
  Żywność bogata w jod: jodowana sól kuchenna, ryby morskie, kapusta, szpinak, jarmuż pomidory.

- **Żelazo** jest istotne w transporcie tlenu w organizmie, niezbędne do budowy czerwonych krwinek płodu, dlatego tak ważna jest jego odpowiednia podaż w diecie. Niedobór żelaza stanowi duże ryzyko w powstaniu anemii ciążowej (niedokrwistości niedobarwliwej). Jego niedostatek objawia się osłabieniem umysłowym, bladością skóry, palpitacją serca, szybszym męczeniem się, a u dzieci – słabszym rozwojem psychicznym, ograniczonym wzrostem i niską odpornością na choroby. Ale nadmiar żelaza też jest niebezpieczny, do hemochromatozy może dojść w wyniku nadmiernego spożywania szczególnie suplementów żelazowych, dlatego tak istotne jest odpowiednie dobranie preparatów zawierających ten biopierwiastek. Najlepiej przyswajalnym żelazem jest to pochodzące z produktów zwierzęcych. Żelazo niehemowe, czyli trudno wchłaniane, pochodzi głównie z roślin.
  Żywność bogata w żelazo: mięso i przetwory mięsne, ryby.
- **Wapń** jest konieczny do budowy kości i zębów, pracy układu nerwowego i serca płodu. Jeżeli w diecie matki brakuje tego makroelementu, rosnące dziecko pobierze wapń z kośćca ciężarnej kobiety. Nadmierne i długotrwałe spożywanie wapnia może powodować powstanie kamieni nerkowych i działać hamująco na wchłanianie żelaza i cynku.
  Żywność bogata w wapń: mleko i przetwory mleczne, tofu, sezam, zielone warzywa liściaste, łosoś z puszki.
- **Cynk** jest mikropierwiastkiem koniecznym do prawidłowego rozwoju fizycznego płodu, wpływa na właściwe funkcjonowanie narządów płciowych, bierze udział w oddychaniu tkankowym. Jego niedobór zwiększa ryzyko poronienia, zahamowanie wzrostu, spadek odporności immunologicznej, rozszczep kręgosłupa czy podniebienia u płodu.
  Żywność bogata w cynk: mięso, mleko i jego przetwory, produkty zbożowe z pełnego przemiału, jaja, nasiona roślin strączkowych, kukurydza.
- **Potas i sód** odgrywają ważną rolę w zachowaniu odpowiedniej ilości wody w organizmie kobiety ciężarnej, utrzymują prawidłowe napięcie mięśni, chronią przed skurczami porodowymi, utrzymują równowagę kwasowo-zasadową. Niedobór sodu prowadzi do

szybkiego odwodnienia, natomiast nadmiar obu składników jest bardzo niebezpieczny dla serca. Żywność przetworzona zawiera wystarczające ilości sodu, dlatego lepiej ograniczać stosowanie soli kuchennej.
Żywność bogata w potas: banany, awokado, śliwki, porzeczki, pomarańcze, brzoskwinie, suche nasiona roślin strączkowych, ziemniaki, seler, pietruszka, pomidory.
Żywność bogata w sód: sól himalajska (najzdrowszy dodatek do potraw wśród wszystkich dostępnych rodzajów soli), żywność gotowa.

NIE MOŻE ZABRAKNĄĆ W TWOIM JADŁOSPISIE

Warzywa powinny być dodawane do każdego posiłku kobiety ciężarnej, stanowić połowę przyjmowanej dziennej racji pokarmowej. To produkty niskokaloryczne, a jednocześnie zawierające ogromne ilości witamin i składników mineralnych. Można je spożywać na surowo, po przygotowaniu w parowarze lub w postaci soków warzywnych. Musimy pamiętać o właściwej obróbce, która nie przyczyni się do nadmiernej utraty ważnych składników pokarmowych, a także o przyswajalności witamin. Niektóre rozpuszczają się w wodzie, inne w tłuszczach (A, D, E i K), aby więc zostały wykorzystane przez nasz organizm, należy warzywa polać łyżką stołową ulubionego oleju roślinnego.

Kolejną grupą produktów spożywczych, o których warto pamiętać, układając tygodniowy plan żywieniowy, są **owoce**. Choć składają się z węglowodanów prostych, niektóre z nich są bogatym źródłem mikroelementów. Należy spożywać świeże, surowe owoce, nie kandyzowane, soki natomiast wyciskane, nie kartonowe! Szczególnie polecam czarne porzeczki, cytrusy i truskawki, będące źródłem witaminy C. Banany zawierają magnez i potas, pomarańcze i awokado – foliany, morele – beta-karoten, a jabłka, maliny, kiwi i gruszki – błonnik pokarmowy. Dodatkowym atutem warzyw i owoców jest ich dostępność. Na każdym straganie o każdej porze roku możemy kupić jakieś kolorowe, świeże i sezonowe produkty.

Prawidłowa dieta ciężarnej kobiety wymaga odpowiedniej podaży **białka**. Proteiny stanowią budulec narządów i tkanek rozwijającego się dziecka. Ich niedobór w diecie może skutkować niedożywieniem, zahamowaniem procesów rozwojowych i wzrostu mięśni płodu, przyjmowanie nadmiernych ilości – obciążać wątrobę i nerki.

Najlepszym źródłem białka zwierzęcego są jaja. Zawierają duże ilości witaminy D i A oraz fosfor, witaminy z grupy B, żelazo i magnez. Bez obaw można je spożywać każdego dnia, przygotowując na słodko lub wytrawnie.

Kolejnym źródłem pełnowartościowego białka jest chude mięso i jego produkty. Z wędlin najlepiej przestawić się na produkty własnej roboty, dzięki temu mamy pewność, co spożywamy. Nie należy ograniczać się do jednego rodzaju mięsa, tygodniowy jadłospis powinien uwzględniać potrawy z indyka, cielęciny oraz wołowiny. Nie wolno zapomnieć o świeżych rybach, źródle kwasów omega-3. Wybieraj przy tym tłuste ryby morskie, gdyż poza białkiem zawierają cynk i witaminy z grupy B.

Uwaga! Wyeliminuj surowe mięso (tatar, sushi), ryby wędzone i w puszkach, surowe jaja. Pamiętaj o toksycznej rtęci występującej w rybach, najwięcej jest jej w okoniu, rybie maślanej, płoci, tuńczyku i dorszu.

Źródłem białka zwierzęcego jest również mleko i przetwory mleczne. Krowie mleko nie jest jednak najlepszym źródłem białka ani wapnia (zapotrzebowanie na wapń uzupełnisz, jedząc warzywa), zawiera też laktozę (cukier prosty)! Polecam w zamian produkty mleczne, które dobrze się trawią i nie powodują wzdęć. Ważne, aby maślanka, kefir, twaróg czy jogurt były naturalne, bez barwników i substancji słodzących. Sery żółte należy spożywać z umiarem z uwagi na dużą zawartość tłuszczu i soli. Zrezygnuj z picia surowego mleka oraz spożywania serów dojrzewających ze względu na możliwą obecność bakterii *Listeria monocytogenes*, groźnych dla przebiegu ciąży.

Uwaga! Wyeliminuj nieprzetworzone mleko, sery pleśniowe niepasteryzowane, oscypki.

Jeżeli nie jadasz mięsa, powinnaś spożywać nasiona roślin strączkowych, komosę ryżową, orzechy i ziarna, które zawierają duże ilości białka roślinnego. Jest to białko o małej wartości biologicznej, czyli niepełnowartościowe, co oznacza, że produkty te nie dostarczają jednego lub kilku niezbędnych dla nas aminokwasów.

Aby odpowiednio zbilansować jadłospis, należy pamiętać o **tłuszczach**. W czasie ciąży szczególnie wzrasta zapotrzebowanie na nienasycone kwasy tłuszczowe. Tłuszcze roślinne są bogatym źródłem wielonienasyconych kwasów tłuszczowych. Pamiętaj o kwasach omega-3! Ich najlepszym źródłem są ryby morskie, poza tym znajdziesz je w mniejszych ilościach w oleju lnianym, sojowym i orzechach.

Do przygotowania potraw w wysokiej temperaturze (smażenie, pieczenie) rekomenduję olej kokosowy oraz rzepakowy, oleje tłoczone na zimno będą najlepszym dodatkiem do surówek i sałatek – lniany, z pestek winogron oraz oliwa z oliwek.

Uwaga! Wyeliminuj szkodliwe izomery trans kwasów tłuszczowych, które znajdziesz w żywności typu fast food, chipsach i margarynach twardych oraz w gotowych sosach.

Każdego dnia energię czerpiemy z produktów tłuszczowych i **węglowodanowych**. Te drugie znacząco przeważają w diecie przeciętnej kobiety. Dieta przyszłej mamy powinna składać się z węglowodanów złożonych. Znajdziesz je w pełnoziarnistych zbożach. Szczególnie polecam kasze, są one bogatym źródłem cynku, kwasu foliowego, witamin z grupy B i białka roślinnego. Jeżeli nie przepadasz za kaszą gryczaną lub jęczmienną, warto sięgnąć po różne odmiany ryżu: dziki, długoziarnisty, brązowy. Do śniadania najlepiej sprawdzi się pieczywo pełnoziarniste, razowe niekarmelizowane lub płatki (owsiane, jaglane). Produkty z białej mąki (białe pieczywo, białe makarony i białe ryże) są bezwartościowe, pozbawione cennego zarodka, a jedynie zawierają węglowodany proste, które nie są wskazane w ciąży.

Mówiąc o węglowodanach, trudno pominąć temat węglowodanów prostych, które znajdują się w białym cukrze i przetworzonych słodyczach. Musisz wiedzieć, że pomimo chwilowej ekscytacji smakowej, nie wnoszą one żadnych wartości odżywczych do naszego ciała, a jednocześnie trafiają do organizmu rozwijającego się dziecka. Co więcej, przyczyniają się do rozwoju nadwagi i otyłości, a jak wiesz, metabolizm kobiety ciężarnej jest spowolniony i w bardzo łatwy sposób możesz przybrać na wadze o wiele więcej, niż to wskazane. Zastąp słodkości świeżymi owocami lub przygotuj deser sama, przykładowo robiąc sernik z chudego twarogu i brzoskwini lub fit ciasteczka

składające się z suszonych owoców, płatków owsianych i syropu klonowego. Jeżeli musisz koniecznie zgrzeszyć, wybierz kostkę gorzkiej czekolady 1–2 razy w tygodniu.

Uwaga! Wyeliminuj słodycze, dostarczają wyłącznie pustych kalorii!

Kobieta ciężarna ma większe zapotrzebowanie na **wodę**. Odpowiednie nawodnienie jest podstawą prawidłowego funkcjonowania w ciąży. Polecam wodę mineralną niegazowaną, która w przeciwieństwie do gazowanych napojów nie powoduje wzdęć i zgagi, łagodzi zaparcia, oczyszcza organizm z toksyn i pomaga zmniejszyć obrzęki dolnych kończyn. Taka woda powinna stanowić ponad połowę dziennej ilości przyjmowanych płynów. Jeżeli nie przepadasz za smakiem naturalnej wody, możesz dodać do niej cytrynę, świeżą miętę czy starty imbir. Warto spożywać wodę regularnie (co najmniej 2 litry dziennie), popijając ją przez cały dzień małymi porcjami.

Z herbatek najbezpieczniejsze są z mniszka lekarskiego, mięty, pokrzywy i nagietka. Polecam również herbatę imbirową, która łagodzi poranne mdłości i zmniejsza uczucie zgagi po posiłku. Ważne, aby

napoje herbaciane urozmaicać, nie przyzwyczajać się do jednego rodzaju.

Napojem lubianym przez większość mam jest kawa. Prawidłowo przebiegająca ciąża nie wiąże się z jej całkowitym wykluczeniem z diety. Ważne, aby zminimalizować liczbę wypijanych filiżanek do jednej dziennie – duże spożycie kofeiny może zaburzyć prawidłowy przebieg ciąży.

Uwaga! Wyeliminuj kolorowe napoje gazowane (typu cola, fanta), napoje energetyczne, soki kartonowe i alkohol. Te produkty poza cukrem i związkami chemicznymi nie zawierają żadnych wartościowych substancji, a mogą przyczynić się do powstania cukrzycy ciążowej.

Jak widzisz, dieta ciężarnej w zasadzie nie różni się od zdrowej diety przeciętnej kobiety. Jadłospis przyszłej mamy ma jednak pewne dodatkowe ograniczenia, należy też pamiętać, czego nie wolno jeść przez cały okres ciąży, aby nie wyrządzić krzywdy dziecku (informacje te zawiera sekcja *Uwaga!*).

Przypadłości ciążowe: jak z nimi walczyć

Natalia Gacka-Dressler by Happy mum

Ciąża to także niezbyt miłe przypadłości, nie tylko gastryczne. Omawiam te najczęściej spotykane, podpowiadając, jak z nimi walczyć. Warto te sposoby wypróbować.

CUKRZYCA CIĄŻOWA

Często pojawia się u ciężarnych, lecz nie zawsze jej powodem jest złe odżywianie. Zazwyczaj jest spowodowana działaniem hormonów ciążowych, które zbyt obciążają trzustkę produkującą insulinę. Objawia się nadmiernym stężeniem poziomu glukozy we krwi po zjedzonych posiłkach. Cukrzyca ciążowa przede wszystkim wpływa negatywnie na rozwijające się dziecko. Zwiększa ryzyko powstania przerośniętej trzustki, może powodować problemy z oddychaniem u dziecka. Po jej wykryciu należy od razu włączyć odpowiednie żywienie i być pod stałą kontrolą diabetologa i dietetyka. Po zakończonej ciąży cukrzyca ustępuje, jednak nie należy tego schorzenia lekceważyć. Cukrzyca jest przeciwwskazaniem do aktywności fizycznej wyłącznie wtedy, gdy ciężarna źle się czuje i występuje ryzyko przedwczesnego porodu. Najbezpieczniejszą aktywnością w tym przypadku są 30–60-minutowe marsze wykonywane po większym posiłku.

Dieta kobiety, u której stwierdzono cukrzycę ciążową, powinna być odpowiednio zbilansowana i podzielona na pełnowartościowe posiłki spożywane w regularnych odstępach czasu. Należy zwrócić uwagę na produkty, które nie powodują nadmiernego wzrostu poziomu glukozy we krwi. Jadłospis powinien zawierać dużą ilość warzyw, nabiał, ryby i mięso, kasze, razowe pieczywo. Należy wykluczyć słodkie owoce i soki owocowe, słodzone napoje, słodycze i cukier, tłuste wędliny, białe pieczywo, słodkie produkty śniadaniowe (płatki kukurydziane, dżem i miód).

ODCHUDZANIE W CIĄŻY

Ostatnio bardzo modne zrobiło się odchudzanie w ciąży. Przyszłe mamy, dbając o swój wygląd, w obawie przed przytyciem i nadmiernym rozciągnięciem skóry, starają się być bardzo aktywne fizycznie i stosują dietę niskokaloryczną. Ten trend zaprzecza dawnemu obyczajowi, który nakłaniał przyszłe matki do pochłaniania tysiąca kalorii na posiłek, by zapewnić odpowiedni wzrost dziecka. Określam to przeskakiwaniem ze skrajności w skrajność.

Zdrowa, wysportowana kobieta o właściwej masie ciała w ciąży powinna kontynuować swój styl życia, tyle że nie tak restrykcyjnie jak dotychczas. Odpowiednie odżywianie i ruch przyniosą minimalny przyrost tkanki tłuszczowej. Twój wzrost masy ciała będzie się wiązał z rozwijającym się dzieckiem, powiększoną macicą i piersiami, łożyskiem, wodami płodowymi oraz zwiększoną ilością płynów ustrojowych z krwią. Po urodzeniu dziecka od razu stracisz 7 kilogramów, jak nie więcej!

Co zatem powinnaś zrobić, jeżeli zaszłaś w ciążę, ale już na początku masz nadmierną ilość kilogramów, co więcej, twój jadłospis pozostawia wiele do życzenia? Rozwiązaniem nie będzie dieta o niskiej zawartości kalorii. Warto zmienić swoje dotychczasowe nawyki w sposób rozsądny, wyeliminować etapowo fast food, słodycze, kolorowe napoje, tłuste produkty mleczne i mięsne na korzyść warzyw, kasz, dobrej jakości olejów, świeżych ryb, owoców sezonowych i dużej ilości wody mineralnej. Te proste zmiany spowodują, że dostarczysz wszystkich niezbędnych składników odżywczych dziecku, a jednocześnie poprawisz wskaźnik należnej masy ciała, bez ryzyka niedoboru poszczególnych makro- i mikroelementów.

ZACHCIANKI POKARMOWE

Teorii dotyczących zachcianek pokarmowych jest wiele. Jedni eksperci usprawiedliwiają to burzą hormonów, jaka rozpętuje się w organizmie kobiety, szczególnie w pierwszym trymestrze. Osobiście doświadczyłam nieodpartej ochoty na potrawy przyrządzane z dodatkiem ogórków, a w zasadzie wyłącznie po spożyciu ogórków kiszonych czy zupy ogórkowej nie czułam się źle. Trwało to około tygodnia, po czym wspomniana zupa mogłaby dla mnie nie istnieć. Inni specjaliści twierdzą, że brak lub wzmożona chęć na dane potrawy sygnalizuje, jakich składników odżywczych brakuje nam w organizmie. Często dotyczy to słonych potraw, co mogłoby sugerować, że mamy niedobór sodu, lub ochoty na owoce cytrusowe, co mogłoby wskazywać na niedobór witaminy C.

Posolenie ziemniaków albo zjedzenie grejpfruta nie wpłynie na nasze zdrowie i samopoczucie, ale zachcianki dotyczące słodyczy i żywności

typu fast food są już problemem. W jaki sposób możemy sobie z tym poradzić? O to kilka podpowiedzi, dzięki którym łatwiej przebrniesz przez morze niezdrowych pokus:

- **Myśl racjonalnie.** Za każdym razem po zjedzeniu niezdrowej przekąski nachodzą cię ogromne wyrzuty sumienia? Aby tego uniknąć i nie narażać się na zły nastrój, warto pomyśleć o zdrowych zamiennikach ulubionych łakoci. Jeżeli uwielbiasz frytki lub chipsy, możesz w łatwy sposób przygotować je sama. Proponuję smaczne i niskokaloryczne frytki z batatów lub chipsy z jarmużu z dodatkiem ziół. Klasyczny sos czosnkowy zamień na dip przygotowany na bazie jogurtu, czosnku lub z koperkiem. Baton czekoladowy jest smaczny, ale zawiera w sobie utwardzony tłuszcz oraz cukier. Przygotuj w zamian ciasteczka owsiane z dodatkiem naturalnego kakao, suszonych śliwek i moreli lub przepyszny deser z nasionami chia i owocami na jogurcie naturalnym.
- **Umiar to podstawa.** Spożywanie raz w tygodniu ulubionego deseru nikomu nie zaszkodzi. Warto jednak zastanowić się i dokładnie określić, kiedy ma przypadać dokładnie tzw. cheat meal. Jeżeli raz co tydzień będziesz sobie pozwalać na takie szaleństwo, konsumując jeden „niezdrowy" posiłek, możesz być spokojna i nie mieć wyrzutów

sumienia. Pamiętaj jednak, aby zawsze był to ten sam dzień, a nie jednego tygodnia niedziela, drugiego - poniedziałek. Jeżeli mimo wszystko nadal codziennie masz ochotę na zakazane produkty, postaraj się wytyczać sobie granice w obżarstwie. Spożyj jedną kostkę dziennie, zamiast całej tabliczki ulubionej czekolady.

- **Współpracuj z organizmem.** Trudności w spożywaniu zdrowych posiłków nie są spowodowane wyłącznie ochotą na zakazane produkty. Nudności i poranne wymioty potrafią bardzo uprzykrzyć życie, nawet wytrwałym zwolenniczkom racjonalnego żywienia. Powyższe problemy u większości kobiet mijają wraz z zakończeniem pierwszego trymestru ciąży. Pamiętaj, że w ciąży nie należy robić niczego na siłę. Jeżeli ulubiona sałatka warzywna z kurczakiem przyprawia cię o mdłości i stajesz się zielona na twarzy, odpuść sobie dotychczas ustalony reżim i spożywaj pokarmy, które nie powodują kolejnej wizyty w toalecie.

METALICZNY POSMAK W USTACH

Dysgeusia to odczuwanie metalicznego posmaku w jamie ustnej. Odpowiedzialne są za to między innymi hormony w ciąży. Zwykle zjawisko to zanika w drugim trymestrze. Aby pozbyć się nieprzyjemnego smaku w ustach, warto sięgać po owoce i soki cytrusowe. Jeżeli uczucie nie ustępuje, powinnaś skonsultować się z lekarzem prowadzącym. Powodem mogą być przyjmowane preparaty witaminowe, które wywołują metaliczny posmak, lub inne schorzenia.

ZAPARCIA I GAZY W CIĄŻY

Zaparcia należą do najbardziej uciążliwych dolegliwości, z jakimi walczą kobiety ciężarne. Progesteron, którego zadaniem jest między innymi rozluźnienie mięśni ścian jelit, powoduje tym samym spowolnienie perystaltyki. Spowolniony metabolizm umożliwia wchłonięcie z jelit do krwi większej ilości składników potrzebnych do rozwoju płodu. Negatywnym skutkiem są twardniejące resztki zalegające w jelitach. Dodatkowo rosnące maleństwo naciska na ściany jelit, utrudniając wypróżnianie. Oto kilka wskazówek, dzięki którym w bezpieczny sposób poradzisz sobie z tym problemem.

- **Nie zapominaj o nawadnianiu.** Regularne spożywanie wody umożliwia zmiękczanie pokarmu i płynniejsze jego przemieszczanie się wzdłuż przewodu pokarmowego. Wypijaj co najmniej 2 litry wody mineralnej i świeżo wyciskane soki warzywno-owocowe. W tych ostatnich zawarty jest błonnik pokarmowy, który pochłania większą ilość wody z pożywienia i ułatwia wypróżnianie.
- **Zwiększ podaż produktów sprzyjających wypróżnianiu.** Tak jak wspomniałam, błonnik pokarmowy pochłania większą ilość wody z pożywienia, tym samym niwelując powstanie zatwardzeń. Zwiększona podaż błonnika zobowiązuje jednak do picia większej ilości płynów, w przeciwnym razie zaparcie może być jeszcze większe. Lepiej spożywać pokarmy bogate w błonnik, niż stosować suplementy diety (tym bardziej bez wiedzy lekarza prowadzącego). Produkty zawierające największe ilości tego składnika to pełnoziarniste pieczywo żytnie i graham, płatki i otręby owsiane, kasze, świeże owoce i warzywa (śliwki, kiwi, morele, marchew, seler, pietruszka). Kolejną grupą produktów, które korzystnie wpływają na pracę jelit, są fermentowane produkty mleczne zawierające żywe kultury bakterii *Acidophilus*. Polecam szczególnie jogurt naturalny i kefir. Te naturalne probiotyki wspomagają pracę układu pokarmowego, zwiększają wchłanianie wapnia, magnezu i żelaza, poprawiają również odporność. Dodatkowym ich autem jest to, że wykazują korzystny wpływ na florę bakteryjną pochwy, zapobiegając grzybicy i innym zakażeniom bakteryjnym, co bardzo istotne w przebiegu ciąży.
- **Zmniejsz podaż produktów sprzyjających zaparciom.** Tyczy się to przede wszystkim wyrobów cukierniczych i piekarniczych z mąki rafinowanej (białej) oraz produktów określanych mianem wzdymających, takich jak fasola, cebula, zielona papryka, kapusta, i potraw ciężkostrawnych, przygotowywanych w głębokim tłuszczu.
- **Jedz wolniej, aby twój mózg szybciej się nasycił.** Jedzenie w pośpiechu sprzyja zaparciom i dodatkowo powoduje, że jemy więcej, niż powinniśmy. Stres związany z szybką konsumpcją odbija się negatywnie w postaci gazów, co łączy się z dolegliwościami bólowymi oraz dyskomfortem psychicznym.

- **Poruszaj się!** Aktywność fizyczna wpływa pozytywnie na metabolizm, a co zatem idzie, pobudza jelita do większej pracy. Warto przeznaczyć na nią chociaż 30 minut dziennie, aby pobudzić nasz ospały organizm i rozleniwione jelita do intensywniejszej pracy.
- **Środki przeczyszczające są zakazane!** To największa głupota, do jakiej możesz się posunąć w ciąży. Jedyne środki farmakologiczne, jakie możesz wtedy przyjmować, to te zalecone przez lekarza. Wśród nich na pewno nie znajdziesz tabletek przeczyszczających przewód pokarmowy. Leki, tak jak składniki pokarmowe z żywności, przenikają przez łożysko i trafiają bezpośrednio do dziecka.

MDŁOŚCI I WYMIOTY

Ciężarne dzielą się na dwie grupy: te, które przechodzą całą ciążę idealnie, bez żadnych dolegliwości, oraz pozostałe, dla których ten szczególny czas kojarzy się wyłącznie z wizytami w toalecie. Z moich obserwacji wnioskuję, że przeważają kobiety cierpiące na mdłości oraz wymioty. Dochodzi do tego problematyczny wstręt do pokarmów, które przed ciążą były spożywane z przyjemnością. Szczególnie początki są bardzo męczące, bo w tym okresie dziecko jest najbardziej narażone na infekcje. Mdłości i wymioty są swego rodzaju obroną organizmu przed ewentualnymi bakteriami przenoszonymi z pożywieniem. Czy nie odczuwałaś wstrętu do warzyw, surowego mleka lub mięsa? To właśnie w tych pokarmach mogą pojawić się ewentualne toksyny. Dlatego lepiej zwymiotować, aniżeli doprowadzić do zatrucia i poronienia.

Jak zdążyłaś się przekonać, ciąża to dla naszego ciała wielka rewolucja. W jej trakcie wzrasta poziom hormonów płciowych, dochodzi także do „rozluźnienia" układu trawiennego, co skutkuje powolniejszym przechodzeniem pokarmu przez przewód. To natomiast wywołuje zwiększone cofanie się kwasów żołądkowych do przełyku. Wszystkie te czynniki oraz nadwrażliwość na zapachy odczuwana w czasie ciąży wprowadzają taki zamęt w organizmie, że wiele przyszłych mam czuje dosłownie wstręt na samą myśl o jedzeniu. W większości wypadków problem mija do czternastego tygodnia ciąży i z czasem staje się coraz mniej dokuczliwy. Znam jednak mamy, które walczyły z nudnościami i wymiotami przez całą ciążę.

Bardzo istotne jest kontrolowanie swojego ciała, wykonywanie regularnych badań i szczera rozmowa z lekarzem prowadzącym na temat zdrowia i samopoczucia. Czasami te dolegliwości narastają i stają się niebezpieczne dla życia matki i dziecka. Ogromnym problemem przy wymiotach jest ryzyko odwodnienia się. Często odwodnione mamy muszą być hospitalizowane i nawadniane drogą dożylną. Poniżej przedstawiam kilka sposobów na poradzenie sobie z tymi dokuczliwymi dolegliwościami.

- **Nie jedz na siłę potraw, które wywołują u ciebie obrzydzenie.** Kieruj się zapachami, wybierając te produkty, które nie podrażniają twoich nozdrzy. Jeżeli masz problem z wyborem odpowiedniej przekąski, ze względu na ilość doznań sensorycznych, z jakimi musisz walczyć w kuchni, postaraj się spożywać produkty bezwonne (wafle ryżowe, krakersy, budyń, potrawy bez dodatku aromatycznych przypraw) w innym pomieszczeniu. Pamiętaj, że w większości wypadków nudności utrzymują się przez krótki okres, zatem jeżeli z konieczności musisz wybrać produkt nie do końca fit, ale który nie skutkuje marszem do toalety, zjedz go!

- **Nie przejadaj się!** Spożywanie obfitych posiłków nie spowoduje, że zatrzymasz większą ilość pokarmu w żołądku. Warto zadbać o regularne dostarczanie energii. Jedz mniej, ale częściej. Przy regularnych wymiotach, spożywaj lekkie posiłki nawet co 2 godziny.
- **Uzupełniaj płyny!** Częste wymioty niosą ryzyko odwodnienia. Aby tego uniknąć, pij regularnie wodę mineralną i herbatę albo soki.
- **Jedz w łóżku.** Jeżeli po przebudzeniu walczysz z mdłościami, postaraj się coś przekąsić, np. wafel ryżowy, sucharek. Ściany pustego żołądka są pobudzane na skutek drażnienia sokami żołądkowymi, a to powoduje intensywniejsze nudności. Aby uniknąć nocnych wędrówek do toalety, zjedz lekkie danie tuż przed snem.
- **Imbir doskonale łagodzi omawiane dolegliwości,** możesz więc przygotować herbatę imbirową. Do filiżanki z przegotowaną wodą wetrzyj kawałek imbiru; możesz dodać listki mięty lub miód. Dla mnie świetnym rozwiązaniem są również cytryny. Wyciskałam z nich sok do każdej butelki z wodą mineralną, jaką miałam zamiar wypić.
- **Zmniejsz ucisk na żołądek i przeponę,** wkładając luźniejsze ubrania.
- **Jeżeli jesteś aktywna zawodowo, a twoja praca polega na spotkaniach w restauracjach i kawiarniach, postaraj się w początkowym okresie ciąży zamienić te miejsca na bardziej**

bezwonne lokale. Unikniesz dzięki temu niepotrzebnej i często kompromitującej sytuacji wybiegania do toalety.
- **Bardzo często suplementy witaminowe, które spożywamy w ciąży, wywołują odruch wymiotny.** Powodem może być ich smak oraz pora dnia, kiedy je przyjmujesz. Porozmawiaj z lekarzem o możliwości zmiany preparatu. Według doniesień naukowych, suplementy zawierające w swoim składnie witaminę B_6 łagodzą poranne nudności.
- **Stres negatywnie wpływa na ciążę,** nasilając również jej dolegliwości, w tym zgagę, nudności i wymioty. Zwolnij na chwilę, odpoczynek to najlepszy przyjaciel ciężarnej kobiety i jej maleństwa.

ZGAGA

Dopiero w ciąży zrozumiałam, jak niekomfortowo muszą się czuć osoby cierpiące na zgagę. U większości ciężarnych zgaga nasila się w trzecim trymestrze ciąży, jednak w moim wypadku walczyłam z nią od początku. Dlaczego tak piecze w przełyku? Odpowiedź to spowolniony metabolizm, rozluźnione ściany przewodu pokarmowego, nacisk wywierany na żołądek przez rosnące dziecko oraz powiększającą się macicę. Podczas ciąży znane leki czy suplementy na zgagę nie są bezpiecznym rozwiązaniem, ich użycie należy zawsze skonsultować z lekarzem.

Oto kilka naturalnych sposobów, jak radzić sobie ze zgagą.
- Pij dużo wody mineralnej.
- Spożywaj posiłki w pozycji siedzącej, a nie leżącej.
- Nie kładź się od razu po posiłku.
- Jedz spokojnie w przyjemnej atmosferze.
- Imbir na ratunek także w zgadze.
- Unikaj kwaśnych, pikantnych i ciężkostrawnych potraw oraz słodyczy.

WZROST MASY CIAŁA W CIĄŻY

Historie kobiet, które w ciąży przytyły ponad 20 kilogramów, powinny uzmysłowić przyszłym mamom, że był to efekt wyłącznie złej diety i braku aktywności fizycznej, a nie fizjologii. Tak duży przyrost masy ciała grozi przedwczesnym porodem, koniecznością zastosowania cesarskiego cięcia, a także negatywnie wpływa na prawidłowy rozwój płodu. Aby określić, ile kobieta powinna przytyć w ciąży, należy zwrócić uwagę na masę ciała sprzed poczęcia. W tym celu bardzo często wykorzystywany jest wskaźnik BMI, za pomocą którego mierzy się proporcje masy ciała w stosunku do wzrostu, według wzoru:

$$BMI = \text{masa ciała (kg)} : \text{wzrost (m)}^2$$

Ważąca prawidłowo kobieta (BMI przed ciążą 18–25) powinna przytyć w trakcie tych miesięcy do 12 kg, kobiety wykazujące niedowagę (BMI przed ciążą <18) mogą przybrać na wadze do 16 kg, natomiast ciężarne mające nadwagę lub otyłość przed ciążą (BMI przed ciążą >25) powinny przytyć zaledwie 7 kg. Powyższym wskaźnikiem nie powinny się kierować kobiety w ciąży mnogiej, w ich wypadku granica wzrostu masy ciała zależy od ilości dzieci w łonie.

OBRZĘKI DŁONI I NÓG

Wraz z postępującą ciążą nasila się wzmożone zatrzymywanie wody w organizmie, często powodując problemy podczas zakładania butów czy nieprzyjemnie uciskając palce, na których nosimy biżuterię. Spowodowane jest to utrudnionym przepływem krwi z tkanek, wywołanym uciskiem macicy na naczynia żylne i limfatyczne. Problem ten tyczy się szczególnie aktywnych zawodowo ciężarnych, wykonujących wielogodzinne prace w pozycji stojącej. Aby zminimalizować obrzęki, zapewnij sobie relaks w ciągu dnia. W tym celu warto ułożyć się w pozycji bocznej bezpiecznej lub na wznak, opierając podudzia na wygodnej poduszce. Noś luźniejsze skarpetki i wygodne obuwie, które nie spowodują dodatkowego ucisku szczególnie okolicy kostek u stóp. Postaraj się nie wykonywać ciężkich czynności siłowych w pracy oraz w domu. Ogranicz spożycie produktów zawierających dużą ilość soli, jednocześnie zwiększ ilość przyjmowanej wody mineralnej. Skonsultuj się z wykształconym kosmetologiem lub fizjoterapeutą, którzy przygotują dla ciebie najlepszy pakiet masaży drenujących, umożliwiających pozbycie się nadmiernie gromadzącej się wody. W wypadku nasilających się obrzęków powinnaś niezwłocznie skonsultować się z lekarzem, mogą one dotyczyć zatrucia ciążowego.

Natalia Gacka-Dressler by Happy mum

Mój tygodniowy jadłospis

Jeżeli przeanalizowałaś podane przeze mnie wskazówki, a w twojej lodówce znajdują się wyłącznie zdrowe i świeże produkty spożywcze, możesz przystąpić do opracowania swojego tygodniowego menu. Pamiętaj, aby uwzględnić niżej przedstawione zalecenia:

1. Jedz posiłki o regularnych porach w ciągu dnia, co 3-4 godziny.
2. Jadłospis powinien zawierać 3 duże posiłki i 1-2 przekąski.
3. Nie podjadaj między posiłkami.
4. Uzupełniaj płyny.
5. Urozmaicaj swoje dania - monotonia niewskazana!

Jedzenie za dwoje to największy mit dotyczący ciąży. Właściwe żywienie dostarcza wszystkich niezbędnych składników pokarmowych rozwijającemu się dziecku. Wykorzysta ono niezbędne mu substancje, pobierając je z twojego organizmu, dlatego nie ma sensu pochłaniać podwójnych porcji w celu zaspokojenia potrzeb maleństwa. Według zaleceń, dieta kobiety ciężarnej powinna dostarczać 300 kcal więcej niż zwykła. To zaledwie miseczka owsianki z jogurtem naturalnym i wkrojonym jabłkiem oraz truskawkami więcej, a nie cała zawartość lodówki. Jedzenie za dwoje skutkuje wyłącznie nadwagą i zwiększa ryzyko cukrzycy ciążowej.

***

Jeżeli masz problem z komponowaniem posiłków, nie jesteś szefem kuchni, zachęcam do skorzystania z opracowanego przeze mnie 7-dniowego jadłospisu. Znajdziesz w nim smaczne i szybkie w przygotowaniu dania, które dostarczają wszystkich niezbędnych składników odżywczych koniecznych dla prawidłowo rozwijającej się ciąży.

Poniedziałek

ŚNIADANIE I

OMLET WARZYWNY ZE SZCZYPIORKIEM

(przepis na 1 porcję)

Składniki

- jajka 150 g (3 sztuki)
- płatki owsiane 20 g (2 łyżki)
- świeży szczypiorek 25 g (garść)
- papryka czerwona 100 g (½ sztuki)
- cebula 50 g (½ sztuki)
- rukola 5 g (kilka liści)
- kurkuma 1 g (szczypta)
- pieprz 1 g (szczypta)
- sól 1 g (szczypta)
- olej rzepakowy 6 g (1 łyżeczka)

Sposób przyrządzania

Jajka wbijamy do miseczki, lekko roztrzepujemy. Kolejno dodajemy płatki owsiane, drobno posiekany szczypiorek oraz cebulę. Paprykę kroimy w drobną kosteczkę i dodajemy do ciasta. Przyprawiamy kurkumą, solą i pieprzem. Smażymy omlet na rozgrzanym oleju rzepakowym, pod przykryciem. Kiedy omlet będzie gotowy, przekładamy go na talerz i ozdabiamy liśćmi świeżej rukoli.

SZCZYPIOREK

zawiera witaminy C, B_1, B_2, a także potas, sód, wapń, magnez, fosfor, siarkę i kwas foliowy. Poprawia funkcje układu pokarmowego i trawienie.

ŚNIADANIE II

MLECZNY KOKTAJL Z MANGO

(przepis na 1 porcję)

Składniki

- mango 400 g (2 sztuki)
- jogurt naturalny 180 g (1 mały kubeczek)
- kostki lodu 15 g (około 5 kostek)

Sposób przyrządzania

Mango myjemy i usuwamy z niego pestkę. Wrzucamy do miksera wraz z jogurtem i kostkami lodu, miksujemy. Spożywamy od razu po przygotowaniu.

OBIAD

INDYK PIECZONY W ROZMARYNIE

(przepis na 1 porcję)

Składniki

- pierś z indyka 150 g (½ sztuki)
- rozmaryn 5 g (1 łyżeczka)
- bazylia 5 g (1 łyżeczka)
- czosnek 5 g (1 ząbek)
- buraki gotowane 200 g (2 sztuki)
- pietruszka zielona 5 g (1 łyżeczka)
- kasza jęczmienna perłowa 50 g (½ woreczka suchej kaszy)
- olej rzepakowy 12 g (1 łyżka)
- pieprz, sól po 1 g (szczypta)

Sposób przyrządzania

Drobno posiekany czosnek łączymy ze szczyptą świeżego rozmarynu oraz bazylii. Dodajemy sól i pieprz do smaku oraz łyżkę oleju rzepakowego. Tak przygotowaną marynatę odstawiamy na pół godziny, następnie smarujemy nią indyka. Mięso wstawiamy w brytfance do piekarnika nagrzanego do 175°C na ok. 20 minut (do brytfanki można dodać odrobinę wody, aby mięso było bardziej miękkie). Jako dodatek do pieczonego indyka świetnie pasuje gotowana kasza jęczmienna wraz z gotowanymi buraczkami posypanymi odrobiną natki pietruszki.

MIĘSO Z INDYKA
jest dość niskokaloryczne. Charakteryzuje się wysoką zawartością łatwo przyswajalnego białka i niską tłuszczów. Świetnie smakuje zarówno pieczone, jak i gotowane.

PODWIECZOREK

RACUCHY NA BAZIE OWSIANKI Z JABŁKIEM

(przepis na 2 porcje)

Składniki

- płatki owsiane górskie lub zwykłe 30–40 g (3–4 łyżki)
- jajka 170 g (3–4 sztuki)
- jogurt naturalny 40 g (2 łyżki)
- jabłko 45 g (¼ sztuki)
- cynamon 5 g (1 łyżeczka)
- olej kokosowy 12 g (1 łyżka)

Sposób przyrządzania

Miksujemy płatki owsiane, jajka, cynamon oraz jogurt. Jabłko myjemy, odkrawamy ćwiartkę i kroimy w talarki. Rozgrzewamy na patelni teflonowej olej kokosowy. Nakładamy placuszki, każdy wieńcząc cząstką jabłka. Smażymy pod przykryciem na małym ogniu.

CYNAMON

jest doskonałym źródłem wapnia, żelaza i błonnika pokarmowego. Regularne wykorzystywany usprawnia pracę układu trawiennego.

KOLACJA

SAŁATKA Z KURCZAKIEM

(przepis na 1 porcję)

Składniki

- filet z kurczaka 150 g (1 pojedyncza sztuka)
- miks sałat lub kilka liści sałaty lodowej 150–200 g
- pomidorki koktajlowe 100 g (5 sztuk)
- ogórek konserwowy 40 g (1 sztuka)
- oliwa z oliwek 20 g (2 łyżki)
- ocet balsamiczny 10 g (1 łyżka)
- ostra papryka, pieprz, sól, kolendra po 1 g (szczypta)

Sposób przyrządzania

Pierś z kurczaka kroimy w kostkę, przyprawiamy solą, pieprzem, papryką i kolendrą, podsmażamy na patelni grillowej posmarowanej niewielką ilością oliwy z oliwek. Warzywa myjemy, kroimy, mieszamy w misce razem z kawałkami mięsa. Polewamy łyżką octu balsamicznego.

Wtorek

ŚNIADANIE I

JAJKO SADZONE NA RAZOWCU I Z AWOKADO

(przepis na 1 porcję)

Składniki

- chleb żytni razowy 70 g (1 kromka)
- jajko 50 g (1 sztuka)
- awokado 70 g (½ sztuki)
- koperek 1 g (szczypta)
- sok z cytryny 5 g (1 łyżeczka)
- szczypiorek 1 g (szczypta)
- pieprz czarny 1 g (szczypta)
- sól 1 g (szczypta)

Sposób przyrządzania

Na patelnię teflonową bez tłuszczu wbijamy jajko, doprawiamy odrobiną soli i pieprzu. Awokado rozgniatamy widelcem, dodajemy świeżo wyciśnięty sok z cytryny, pieprz i sól. Pastą z awokado smarujemy pieczywo. Gdy jajko sadzone będzie gotowe (najlepiej, kiedy żółtko pozostanie w formie płynnej), łopatką ostrożnie przekładamy je na kanapkę, dekorujemy posiekanym szczypiorkiem i koperkiem.

AWOKADO

ma dużą wartość odżywczą. Jest dość kaloryczne, ale zawiera wiele zdrowych jednonienasyconych kwasów tłuszczowych, które działają pozytywnie na nasze serce. Awokado świetnie sprawdzi się zamiast masła do kanapek lub jako dodatek do sałatek, sosów i past.

ŚNIADANIE II

CHLEBEK BANANOWY Z TWAROŻKIEM

(przepis na bochenek, 1 porcja to 1 kromka)

Składniki

- mąka razowa 200 g (1 i ⅓ szklanki)
- len mielony 100 g (¾ szklanki)
- jajka 100 g (2 sztuki)
- ksylitol 150 g (6–7 łyżek)
- banany 220 g (2 dojrzałe sztuki)
- proszek do pieczenia 5 g (1 łyżeczka)
- cynamon 1 g (szczypta)
- sól 1 g (szczypta)
- olej rzepakowy 24 g (2 łyżki)
- twaróg chudy 20 g (2 łyżki)

Sposób przyrządzania

Piekarnik nagrzewamy do 180°C. Przygotowujemy małą foremkę, którą wykładamy papierem do pieczenia. Do jednej miski wsypujemy wszystkie suche składniki, w drugiej mieszamy jajka z rozgniecionymi bananami i olejem oraz odrobiną wody. Łączymy zawartość obu misek i mieszamy do uzyskania konsystencji ciasta. Jeśli będzie za gęste, możemy dolać jeszcze odrobinę wody. Ciasto przekładamy do foremki i wyrównujemy. Chlebek pieczemy 50–55 minut, przed wyjęciem sprawdzamy środek patyczkiem. Odstawiamy do ostygnięcia, a następnie podajemy z serem twarogowym.

OBIAD

GRILLOWANY ŁOSOŚ Z WARZYWAMI

(przepis na 1 porcję)

Składniki

- łosoś 150 g (1 średni filet)
- sok z cytryny 10 g (1 łyżka)
- olej kokosowy 12 g (1 łyżka)
- fasolka szparagowa 200 g (1 miseczka)
- ocet balsamiczny 10 g (1 łyżka)
- sałata zielona 20 g (kilka liści)
- ziarna sezamu 10 g (1 łyżka)
- pomidorki koktajlowe 100 g (5 sztuk)

Sposób przyrządzania

Łososia nacieramy dowolnymi przyprawami i smażymy na grillowej patelni z odrobiną oleju kokosowego. Jako dodatek przyrządzamy sałatę z drobno pokrojonymi pomidorkami koktajlowymi, doprawionymi octem balsamicznym i przyprawami oraz gotowaną fasolkę szparagową posypaną nasionami sezamu i doprawioną do smaku ulubionymi przyprawami.

ŁOSOŚ

to jedna z najzdrowszych ryb ze względu na wysoką zawartość wielonienasyconych kwasów tłuszczowych z rodziny omega-3, witamin A, D, E oraz składników mineralnych, głównie selenu, jodu, cynku i potasu. Należy jednak zwracać uwagę na pochodzenie ryby, ważne, by był to łosoś dziki, gdyż jego hodowlany odpowiednik nie ma żadnych wartości odżywczych, co gorsza – jest pełen toksycznych substancji.

PODWIECZOREK

SERNICZEK Z GRANATEM I BRZOSKWINIĄ

(przepis na 2 porcje)

Składniki

- ser twarogowy chudy 200 g (kostka)
- jajka 100 g (2 sztuki)
- mąka kokosowa 30 g (2 łyżki)
- ksylitol/miód/stewia 20 g (2 łyżki)
- granat 40 g (2 łyżki)
- brzoskwinia 80 g (1 sztuka)

Sposób przyrządzania

Mąkę kokosową możemy przygotować, mieląc wiórki kokosowe. Jajka ubijamy na pianę, dodajemy ser twarogowy, mąkę kokosową, ksylitol (bądź miód lub stewię) i miksujemy na jednolitą masę. Przekładamy do żaroodpornego naczynia (lub dwóch małych). Na wierzchu układamy pokrojoną w plastry i obraną ze skórki brzoskwinię. Zapiekamy w piekarniku nagrzanym do 180°C przez ok. 30 minut. Po wystygnięciu serniczek posypujemy pestkami granatu.

KOLACJA

DIETETYCZNE KNEDLE ZE ŚLIWKAMI

(przepis na 15 knedli, 1 porcja to 5 sztuk)

Składniki

- kasza jaglana 150 g (¾ szklanki)
- twaróg chudy 100 g (½ kostki)
- mąka żytnia 24 g (2 łyżki)
- mąka ziemniaczana 12 g (1 łyżka)
- śliwki 200 g (2 garście)
- sól 1 g (szczypta)

Sposób przyrządzania

Kaszę jaglaną płuczemy i gotujemy do miękkości w lekko osolonej wodzie. Kiedy będzie gotowa, odcedzamy ją i odstawiamy do całkowitego ostudzenia. Zimną kaszę miksujemy z łyżką wody na jednolitą masę. Wsypujemy mąki oraz ser twarogowy i wszystko to zagniatamy. Gdyby ciasto było bardzo klejące, dodajemy odrobinę mąki - ale uważajmy, by nie przesadzić, bo ciasto zrobi się twarde. Urywamy po kawałku i obsypanymi mąką dłońmi formujemy placuszki, układamy śliwkę bez pestki i tworzymy knedle. Gotujemy we wrzątku po ok. 4 minuty od momentu wypłynięcia.

ŚLIWKI

zawierają sporo błonnika pokarmowego, dzięki czemu regulują procesy trawienne oraz przedłużają uczucie sytości. Pomagają skutecznie zwalczać zaparcia, zapobiegają nowotworowi jelita grubego i pomagają redukować masę ciała. Śliwki są również bogate w witaminy C, A i E oraz żelazo, potas, magnez i wapń.

Środa

ŚNIADANIE I

JOGURTOWY PRZEKŁADANIEC

(przepis na 1 porcję)

Składniki

- jogurt naturalny 2% tłuszczu 180 g (1 kubeczek)
- brzoskwinia 80 g (1 sztuka)
- jabłko 200 g (1 sztuka)
- płatki owsiane 20 g (2 łyżki)
- otręby pszenne 5 g (szczypta)
- miód 20 g (1 łyżka)
- cynamon 1 g (szczypta)

Sposób przyrządzania

Płatki owsiane mieszamy z otrębami pszennymi i miodem. Masę dzielimy na 2 części, jedną z nich wkładamy łyżką do przezroczystej miseczki bądź szklanki. Następnie obieramy brzoskwinię, blendujemy i mieszamy z jogurtem. Tak powstały jogurt brzoskwiniowy również dzielimy na połowę i jedną część nakładamy na mieszankę owsianą. Średniej wielkości jabłko obieramy i kroimy w kosteczkę. Połowę układamy na warstwę jogurtu i powtarzamy czynności (płatki, jogurt, jabłko). Całość posypujemy odrobiną cynamonu.

MIÓD NATURALNY

jest zdrowszym odpowiednikiem cukru. Zawiera dużo mikroelementów: potas, chlor, fosfor, magnez, wapń, żelazo, molibden, mangan i kobalt, oraz witaminy: A, C, B_1, B_2, B_6, B_{12}, kwas foliowy i biotynę. Dzięki enzymom działa przeciwbakteryjnie i wzmacnia układ odpornościowy oraz krwionośny.

ŚNIADANIE II

KOKTAJL OWOCOWY Z MIGDAŁAMI I OTRĘBAMI

(przepis na 1 porcję)

Składniki

- kefir naturalny 250 ml (1 szklanka)
- borówki amerykańskie lub inne owoce 50 g (1 garść)
- otręby żytnie 50 g (6 łyżek)
- migdały 5 g (1 łyżeczka)
- ksylitol 5 g (1 łyżeczka)

Sposób przyrządzania

Wszystkie składniki miksujemy w blenderze do uzyskania jednolitej konsystencji.

OBIAD

ROZGRZEWAJĄCA ZUPA DYNIOWA

(przepis na 3 litry zupy, 1 porcja to 400 ml)

Składniki

- dynia 2 kg (1 mała sztuka)
- ziemniaki 200 g (2 sztuki)
- marchewka 100 g (1 sztuka)
- pietruszka korzeń 80 g (1 sztuka)
- cebula 100 g (1 sztuka)
- kłącze imbiru 10 g (mały kawałek)
- mleczko kokosowe 500 g (2 szklanki)
- pestki dyni 15 g (2 łyżki)
- pieprz, sól, chili po 1 g (szczypta)

Sposób przyrządzania

Dynię obieramy ze skóry, wyjmujemy pestki i kroimy w kawałki. Cebulę, ziemniaki, marchew i pietruszkę obieramy i kroimy w dużą kostkę, czosnek przeciskamy przez praskę. Wszystko to wkładamy do garnka i zalewamy około 2 litrami wody. Solimy i gotujemy pod przykryciem przez 25–30 minut. Pod koniec gotowania dodajemy starte kłącze imbiru oraz mleczko kokosowe. Zupę blendujemy na jednolitą masę. Przed podaniem doprawiamy do smaku solą, pieprzem oraz papryką chili, posypujemy pestkami dyni.

DYNIA

jest bogata w beta-karoten, potas, wapń, fosfor i witaminy z grupy B, zwłaszcza witaminę B_2. Zawiera znikome ilości sodu.

PODWIECZOREK

SUFLET BANANOWY

(przepis na 2 porcje)

Składniki

- jajka 150 g (3 sztuki)
- banany 300 g (2 dojrzałe sztuki)
- mąka kasztanowa 30 g (2 łyżki)
- miód 7 g (1 łyżeczka)
- laska wanilii 15 g (1 sztuka)
- cynamon 5 g (1 łyżeczka)
- sól 1 g (szczypta)
- olej kokosowy 10 g (1 płaska łyżka)

Sposób przyrządzania

Banany obieramy, kroimy w plasterki. Dodajemy do nich żółtka, przesianą mąkę kasztanową, ziarna wanilii, cynamon, miód i szczyptę soli. Wszystko razem dokładnie mieszamy. W osobnej misce ze szczyptą soli ubijamy białka na sztywną pianę. Pianę partiami dodajemy do wcześniej przygotowanej masy, delikatnie mieszając. Masę wylewamy do nasmarowanych olejem kokosowym foremek i wstawiamy od razu do piekarnika nagrzanego do 180°C (grzanie z góry i z dołu) na 15 minut.

MĄKA KASZTANOWA
jest bogata w potas (600 mg w 100 g produktu) oraz magnez (45 mg na 100 g), zapobiega zmęczeniu i stresowi. Poza tym kasztany obfitują w wapń, żelazo oraz witaminę C, E, B_1 i B_2. Mąka kasztanowa nie zawiera glutenu.

KOLACJA

KANAPKI Z PASTĄ Z ZIELONEGO GROSZKU

(przepis na 2 porcje)

Składniki

- groszek zielony mrożony 200 g (miseczka)
- czosnek 5 g (1 ząbek)
- sok z limonki 10 g (1 łyżka)
- oliwa z oliwek 12 g (1 łyżka)
- sól 1 g (szczypta)
- kardamon mielony 1 g (szczypta)
- bazylia 5 g (kilka świeżych liści)
- pieczywo pełnoziarniste 70 g (2 kromki na 1 porcję)

Sposób przyrządzania

Groszek wrzucamy do wrzątku i gotujemy pod przykryciem 1-2 minuty, następnie odstawiamy do przestygnięcia na 5 minut. Do groszku dodajemy świeże liście bazylii, sok z limonki, oliwę z oliwek, przeciśnięty przez praskę czosnek i przyprawy. Całość blendujemy na jednolitą masę. Tak przygotowaną pastą smarujemy kanapki.

Czwartek

ŚNIADANIE I

CYTRYNOWY OMLET

(przepis na 2 porcje)

Składniki

- jajka 150 g (3 sztuki)
- mąka gryczana 45 g (3 łyżki)
- miód/ksylitol/stewia 15 g (1 łyżka)
- skórka z połowy cytryny 20 g (2 łyżki)
- jogurt naturalny 50 g (2 łyżki)
- sok z cytryny 10 g (1 łyżka)
- cynamon 1 g (szczypta)
- soda oczyszczona 2 g (½ łyżeczki)
- truskawki 50 g (garść)

Sposób przyrządzania

Białka wbijamy do miski i dodajemy sodę. Ubijamy trzepaczką, aż piana będzie sztywna. Do drugiej miski wrzucamy żółtka, mąkę, cynamon, miód (bądź stewię lub ksylitol), skórkę z cytryny. Wlewamy jogurt naturalny i sok z cytryny. Można wymieszać, ale niekoniecznie. Dodajemy stopniowo zawartość miski do ubitej piany, powoli mieszając drewnianą łyżką, aby piana nie opadła. Rozgrzewamy patelnię teflonową i równomiernie wylewamy gotową masę. Smażymy ok. 10 minut bez przykrycia na minimalnym ogniu, następnie tyle samo pod przykryciem. Po upływie tego czasu delikatnie przekładamy omlet na drugą stronę i smażymy już bez przykrycia. Omlet można podać ze świeżymi owocami, np. truskawkami.

ŚNIADANIE II

SAŁATKA Z SZYNKĄ I ANANASEM

(przepis na 1 porcję)

Składniki

- seler w zalewie 250 g (1 słoik)
- świeży ananas 90 g (3 plastry)
- kukurydza 100 g (5 łyżek)
- szynka z kurczaka 100 g (5 plastrów)
- jajka 100 g (2 sztuki)
- por, tylko biała część 50 g
- jogurt naturalny 250 ml (1 szklanka)
- sól i pieprz po 1 g (szczypta)

Sposób przyrządzania

Jogurt doprawiamy solą i pieprzem. Gotujemy jajka na twardo. Odsączamy seler z zalewy, kroimy i układamy na dnie miski. Kroimy ananasa w drobną kostkę, układamy na selerze. Kroimy w kostkę szynkę, układamy na ananasie. Polewamy połową jogurtu. Wykładamy kukurydzę i posiekane jaja. Polewamy pozostałym jogurtem, posypujemy poszatkowanym porem.

OBIAD

DORSZ Z ZIEMNIAKAMI W MUNDURKACH

(przepis na 1 porcję)

Składniki

- filet z dorsza 200 g (1 ryba)
- papryka czerwona 150 g (1 mała sztuka)
- oliwa z oliwek 12 g (1 łyżka)
- cytryna 40 g (½ sztuki)
- tymianek (kilka świeżych gałązek)
- sól himalajska 1 g (szczypta)
- pieprz czarny 1 g (szczypta)
- ziemniaki 200 g (2 duże sztuki)

Sposób przyrządzania

Ziemniaki gotujemy w mundurkach przez około 15 minut. Następnie kroimy je w plastry i przekładamy do żaroodpornego naczynia. Dorsza myjemy i kroimy na 2 części po 100 g każda (cienkie kawałki dorsza można złożyć na pół). Rozkładamy 2 podwójne kawałki folii aluminiowej, kładziemy na nich kawałki dorsza, skrapiamy oliwą, oprószamy solą i pieprzem, obkładamy gałązkami tymianku. Cytrynę dokładnie myjemy, kroimy w plastry razem ze skórką, obkładamy nią dorsza. Paprykę kroimy w małą kostkę, ząbki czosnku razem z łupinkami lekko rozgniatamy nożem i dodajemy do ryby. Zawijamy wszystko w folię i pieczemy w piekarniku nagrzanym do 180°C przez 20 minut. Do piekarnika wkładamy również ziemniaki w mundurkach i pieczemy je razem z rybą.

SÓL HIMALAJSKA

to świetny zamiennik zwykłej soli kuchennej lub morskiej. W odróżnieniu od nich nie zawiera metali ciężkich, a jest źródłem cennych minerałów. Różowawy kolor soli zawdzięczamy skale, z której pochodzi. Im bardziej intensywny odcień, tym więcej w danej skale żelaza.

PODWIECZOREK

KOKOSOWO-BANANOWE PLACKI BEZ CUKRU

(przepis na 2 porcje)

Składniki

- banan 150 g (1 sztuka)
- jajka 100 g (2 sztuki)
- mąka kokosowa lub wiórki kokosowe 15 g (1 łyżka)
- jogurt grecki 50 g (2 łyżki)
- olej kokosowy 12 g (1 łyżka)
- truskawki 70 g (½ szklanki)

Sposób przyrządzania

Banan kroimy na mniejsze kawałki, mieszamy z jajkami, mąką kokosową i jogurtem greckim. Całość blendujemy na jednolitą masę i smażymy na oleju kokosowym do uzyskania złocistego koloru. W trakcie smażenia można patelnię przykryć, by placuszki łatwiej się odwracały. Świeże bądź mrożone truskawki miksujemy osobno na gęsty sos. Placuszki układamy na talerzu i polewamy musem truskawkowym.

KOLACJA

KANAPKI Z PASTĄ Z TWAROGU I RZODKIEWKI

(przepis na 1 porcję)

Składniki

- chleb żytni pełnoziarnisty 70 g (2 kromki)
- ser twarogowy chudy 100 g (½ kostki)
- oliwa z oliwek 6 g (1 łyżeczka)
- rzodkiewki 30 g (kilka sztuk)
- szczypiorek 10 g (1 łyżeczka)
- sól, pieprz po 1 g (szczypta)

Sposób przyrządzania

Do sera twarogowego dodajemy drobno pokrojoną rzodkiewkę oraz posiekany szczypiorek, doprawiamy odrobiną soli, pieprzu i mieszamy z łyżeczką oliwy z oliwek. Przyrządzoną pastą smarujemy pieczywo.

Piątek

ŚNIADANIE I

SEREK ZIARNISTY Z BAKALIAMI

(przepis na 1 porcję)

Składniki

- serek wiejski 100 g (½ opakowania)
- daktyle suszone 20 g (4 sztuki)
- orzechy laskowe 15 g (1 łyżka)
- banan 110 g (1 średnia sztuka)
- kakao 5 g (1 łyżeczka)

Sposób przyrządzania

Do serka wiejskiego wsypujemy łyżeczkę kakao i mieszamy. Banan kroimy w plasterki, a suszone daktyle w drobną kostkę. Do serka dodajemy orzechy oraz daktyle i mieszamy. Na wierzchu układamy plastry banana, posypujemy szczyptą kakao.

BANANY

zawierają dużo potasu, witaminy C, magnezu i błonnika pokarmowego. Dają uczucie sytości. Ponadto skrobia zawarta w lekko niedojrzałych, zielonkawych bananach tworzy wyścielenie błony śluzowej żołądka, dzięki temu chroni ją przed działaniem soku żołądkowego.

ŚNIADANIE II

KOKTAJL ARBUZOWO-OGÓRKOWY

(przepis na 2 porcje)

Składniki

- jogurt naturalny 250 g (1 szklanka)
- ogórek 180 g (1 sztuka)
- arbuz 250 g (1 nieduży plaster)
- sok z cytryny 12 g (2 łyżki)

Sposób przyrządzania

Ogórek oraz arbuz obieramy i kroimy w kostkę. Miksujemy z pozostałymi składnikami. Wstawiamy do lodówki i schładzamy.

OBIAD

DUSZONA WOŁOWINA Z PURÉE Z KALAFIORA

(przepis na 1 porcję)

Składniki

- polędwica wołowa 150 g (1 mały kawałek)
- cebula 100 g (1 sztuka)
- koncentrat pomidorowy 40 g (½ słoiczka)
- olej kokosowy 6 g (1 łyżeczka)
- sól, pieprz, papryka słodka czerwona, curry po 1 g (szczypta)

Purée

- kalafior 200 g (¼ główki)
- ziemniak 40 g (½ sztuki)
- masło 5 g (½ łyżeczki)
- sól 1 g (szczypta)

Sposób przyrządzania

Cienki plaster wołowiny nacieramy solą, pieprzem i dowolnymi przyprawami (np. papryką i curry). Smażymy na oleju na patelni pod przykryciem. Gdy mięso będzie lekko podsmażone, dodajemy cebulę pokrojoną w plastry, dolewamy odrobinę wody i dusimy pod przykryciem. Gdy mięso i cebula będą miękkie, dodajemy koncentrat pomidorowy i mieszamy.

Różyczki kalafiora gotujemy, aż będą bardzo miękkie (20–25 minut). W oddzielnym garnku gotujemy ziemniak pokrojony w kosteczkę. Ugotowany kalafior odcedzamy i przekładamy do miski, dodajemy ugotowany ziemniak i dokładnie ugniatamy, aż uzyskamy jednolitą masę. Dokładamy masło, odrobinę soli i dokładnie mieszamy.

WOŁOWINA

zawiera znaczne ilości białka o wysokiej wartości biologicznej oraz dużo żelaza. Do najchudszych kawałków wołowiny należy polędwica.

PODWIECZOREK

MARCHEWKOWY PUDDING

(przepis na 1 porcję)

Składniki

- marchew 50 g (1 sztuka)
- banan 110 g (1 sztuka)
- nasiona chia 10 g (1 łyżka)
- płatki jęczmienne 30 g (3 łyżki)
- mleko sojowe 120 g (½ szklanki)
- cynamon 5 g (1 łyżeczka)

Sposób przyrządzania

Marchew myjemy, obieramy i ścieramy na tarce o małych oczkach. Płatki jęczmienne mielimy na mąkę. Marchew blendujemy razem z bananem, kolejno dorzucamy płatki jęczmienne, nasiona chia i cynamon oraz wlewamy mleko sojowe, dalej miksując. Tak powstałą masę przekładamy do miseczki i schładzamy w lodówce przez kilka godzin.

KOLACJA

JAJECZNICA Z POMIDORAMI

(przepis na 1 porcję)

Składniki

- jajka 150 g (3 sztuki)
- pomidor 170 g (1 duża sztuka)
- szczypiorek posiekany 10 g (2 łyżki)
- sól, pieprz po 1 g (szczypta)
- oregano suszone 2,5 g (½ łyżeczki)
- olej rzepakowy 12 g (1 łyżka)

Sposób przyrządzania

Pomidor kroimy w kostkę. Wbijamy jajka do miseczki i roztrzepujemy. Rozgrzewamy olej na patelni, wylewamy jaja, smażymy do lekkiego ścięcia. Dodajemy pokrojony pomidor. Doprawiamy solą, pieprzem i oregano. Przed podaniem posypujemy szczypiorkiem.

Sobota

SNIADANIE I

ROZGRZEWAJĄCA OWSIANKA NA MLEKU ROŚLINNYM Z POMARAŃCZĄ I IMBIREM

(przepis na 1 porcję)

Składniki

- mleko sojowe 220 g (niecała szklanka)
- płatki owsiane 40 g (4 łyżki)
- pomarańcza 100 g (½ sztuki)
- kłącze imbiru 10 g (mały kawałek)

Sposób przyrządzania

Płatki owsiane gotujemy w mleku sojowym, aż zmiękną. Dodajemy pomarańczę i świeżo starte kłącze imbiru.

ŚNIADANIE II

LEŚNY KOKTAJL

(przepis na 2 porcje)

Składniki

- kefir 2% tłuszczu 400 g (1 kubek)
- borówka amerykańska 140 g (1 szklanka)
- jagody goji 8 g (1 łyżka)
- maliny 120 g (1 szklanka)
- banan 150 g (1 sztuka)
- otręby owsiane 5 g (1 łyżeczka)

Sposób przyrządzania

Owoce myjemy, banan obieramy ze skórki. Do blendera wrzucamy wszystkie owoce, zalewamy kefirem i miksujemy. Po chwili dodajemy otręby owsiane i ponownie miksujemy. Przelewamy koktajl do szklanek i schładzamy w lodówce ok. 30 minut. Przed podaniem posypujemy jagodami goji.

JAGODY GOJI

oraz zawarte w nich flawonoidy i karotenoidy wpływają korzystnie na wzmocnienie układu odpornościowego organizmu, poprawiają stan kości i stawów, łagodzą dolegliwości miesiączkowe i opóźniają procesy starzenia. Wspierają pracę układu nerwowego i zwiększają koncentrację. Jagody goji są również bogate w witaminy i składniki mineralne, przede wszystkim w witaminy C, E, wapń, żelazo, miedź, cynk, selen.

OBIAD

ZUPA MARCHEWKOWA Z MLEKIEM MIGDAŁOWYM

(przepis na 2 porcje)

Składniki

- olej kokosowy 12 g (1 łyżka)
- cebula 100 g (1 sztuka)
- marchew 500 g (5 sztuk)
- pietruszka korzeń 100 g (1 i ½ sztuki)
- soczewica czerwona 100 g (¼ paczki)
- mleko migdałowe 250 g (1 szklanka)
- imbir świeżo starty 5 g (1 łyżeczka)
- sól, pieprz, papryka słodka mielona po 1 g (szczypta)
- zielona pietruszka 5 g (1 łyżeczka)

Sposób przyrządzania

Cebulę siekamy drobno i podsmażamy na oleju, aż się zeszkli. Dodajemy pokrojone w kosteczkę marchewkę i pietruszkę. Doprawiamy solą i smażymy, mieszając, przez ok. 10 minut. Następnie dodajemy połowę startego imbiru i soczewicę, smażymy przez mniej więcej 2 minuty.

Na patelnię wlewamy 2–3 szklanki wody i gotujemy całość 15–20 minut. Doprawiamy solą, pieprzem i słodką papryką oraz startym imbirem. Zawartość patelni przelewamy do garnka, dodajemy szklankę mleka migdałowego i blendujemy. Tak przygotowaną zupę rozlewamy na talerze i ozdabiamy siekaną zieloną pietruszką.

MLEKO MIGDAŁOWE

jest bogate w żelazo, kwasy tłuszczowe omega-3 oraz błonnik. Zawiera też całą gamę witamin i składników mineralnych: witaminę E, A, D, ryboflawinę, magnez, selen, mangan, cynk, fosfor, wapń. Jest świetną alternatywą dla osób z nietolerancją laktozy, glutenu i soi.

PODWIECZOREK

KULKI Z KASZY JAGLANEJ

(przepis na ok. 20 kulek, 1 porcja to 4 kulki)

Składniki

- kasza jaglana 90 g (½ szklanki)
- mleko 1,5% 250 g (1 szklanka)
- miód/ksylitol/stewia 60 g (2 i ½ łyżki)
- wiórki kokosowe 120 g (1 i ½ szklanki)
- kakao 20 g (2 łyżki)
- olej kokosowy 15 g (1 łyżka)

Sposób przyrządzania

Kaszę płuczemy kilka razy na zmianę pod zimną i wrzącą wodą (aby pozbyć się smaku goryczy), a następnie wsypujemy do garnka. Dolewamy mleko i gotujemy na bardzo małym ogniu do momentu, aż kasza wchłonie cały płyn. Na patelni podprażamy wiórki kokosowe, aż nabiorą pomarańczowego koloru. Od razu po uprażeniu dosypujemy je (ok. 100 g) do ugotowanej gorącej kaszy i mieszamy. Następnie dodajemy łyżkę oleju kokosowego oraz miód i kakao, ponownie mieszając. Jeszcze ciepłą masę nabieramy łyżką i formujemy kulki, które obtaczamy w pozostałych wiórkach kokosowych (20 g). Kulki układamy jedna obok drugiej i schładzamy w lodówce.

KOLACJA

DROBIOWA TORTILLA

(przepis na 2 porcje)

Składniki

- filet z kurczaka 100 g (1 mała sztuka)
- tortilla pełnoziarnista (1 sztuka)
- sałata lodowa 160 g (4 liście)
- pomidor 170 g (1 sztuka)
- ogórek świeży 45 g (¼ ogórka)
- rzodkiewka 15 g (1 sztuka)
- ocet balsamiczny 6 g (1 łyżka)
- jogurt naturalny 20 g (1 łyżka)
- przecier pomidorowy 15 g (1 łyżka)
- sól, zioła prowansalskie, słodka papryka po 1 g (szczypta)
- olej rzepakowy 12 g (1 łyżka)

Sposób przyrządzania

Filet kroimy na podłużne paski, solimy i przyprawiamy ziołami. Smażymy na odrobinie oleju z każdej strony pod przykryciem. Rozkładamy tortillę i smarujemy ją jogurtem wymieszanym z przecierem pomidorowym. Układamy na niej sałatę. Kroimy warzywa i wkładamy do miski, polewamy octem balsamicznym. Mięso oraz warzywa układamy na tortilli, zawijamy. Można jeść na zimno lub podgrzać w mikrofalówce przez 2 minuty.

Niedziela

ŚNIADANIE I

JAGLANKA Z GRUSZKĄ

(przepis na 1 porcję)

Składniki

- kasza jaglana 40 g (4 łyżki suchej kaszy)
- gruszka 130 g (1 sztuka)
- pestki dyni 15 g (garść)
- migdały 15 g (kilka sztuk, ok. 5)

Sposób przyrządzania

Kaszę jaglaną gotujemy w wodzie. Gruszkę kroimy na mniejsze kawałki i miksujemy z kaszą na jednolitą masę. Do jaglanki dodajemy pestki dyni i migdały.

GRUSZKA

ma właściwości przeciwgorączkowe i poprawia pracę układu trawiennego. Zawiera witaminy A, B_1, B_2, B_6, C, a także potas, miedź, wapń, jod oraz błonnik pokarmowy.

ŚNIADANIE II

KOKTAJL OGÓRKOWY Z BAZYLIĄ

(przepis na 1 porcję)

Składniki

- ogórki 300 g (2 nieduże sztuki)
- sok pomidorowy 115 g (½ szklanki)
- sok z cytryny 2 g (½ łyżeczki)
- posiekana świeża bazylia 10 g (1 łyżka)
- tymianek (1 pęczek)

Sposób przyrządzania

Ogórki myjemy, obieramy, kroimy w kostkę, mieszamy z bazylią i miksujemy. Wlewamy sok pomidorowy, sok z cytryny, dokładnie mieszamy. Podajemy schłodzone, posypane posiekanym tymiankiem.

OBIAD

DROBIOWE KOTLETY W MIGDAŁACH

(przepis na 1 porcję)

Składniki

- filet z kurczaka 150 g (1 pojedyncza sztuka)
- 1 białko jajka (35 g)
- migdały w płatkach 30 g (3 łyżki)
- sól i pieprz po 1 g (szczypta)
- olej kokosowy 12 g (1 łyżka)

Sposób przyrządzania

Filet kroimy na cienkie plastry i rozbijamy. Doprawiamy solą i pieprzem. Białko roztrzepujemy. Zanurzamy plastry mięsa w roztrzepanym białku i obtaczamy w pokruszonych migdałach. Smażymy na rozgrzanej patelni posmarowanej olejem kokosowym.

PODWIECZOREK

CZEKOLADOWO-BANANOWY BUDYŃ Z NASIONAMI CHIA

(przepis na 1 porcję)

Składniki

- nasiona chia 20 g (2 łyżki)
- mleko 1,5% tłuszczu 200 g (1 szklanka)
- banan 70 g (½ sztuki)
- kakao 10 g (1 łyżka)

Sposób przyrządzania

Nasiona chia wraz z kakao mieszamy i zalewamy mlekiem. Następnie odstawiamy na 30 minut. Po upływie wyznaczonego czasu do przygotowanej mieszanki dodajemy banan i miksujemy. Całość można dodatkowo posypać odrobiną cynamonu.

KOLACJA

SAŁATKA Z GRILLOWANYM ŁOSOSIEM I MANGO

(przepis na 1 porcję)

Składniki

- filet świeżego łososia 90 g (1 mały kawałek)
- mango 140 g (½ sztuki)
- pomidor 100 g (1 sztuka)
- oliwa z oliwek 6 g (1 łyżeczka)
- mięta 5 g (garść listków)
- mieszanka sałat 20 g (2 garście sałat)
- sok z limonki 20 g (sok z 1 sztuki)
- kolendra 1 g (kilka ziarenek)
- sól, pieprz po 1 g (szczypta)

Sposób przyrządzania

Filet z łososia skrapiamy odrobiną soku z limonki (pozostały sok zostanie wykorzystany do dressingu). Rybę doprawiamy solą i pieprzem, podpiekamy na grillu lub na patelni grillowej. Gdy łosoś będzie już gotowy, należy poczekać, aż wystygnie W tym czasie przygotowujemy dressing z soku z limonki, łyżeczki oliwy z oliwek i łyżki wody. Dodajemy sól, pieprz i rozgniecione w moździerzu ziarenka kolendry oraz posiekane listki mięty. Następnie obieramy pomidor, mango i kroimy je w kostkę. Na talerzu układamy pomidory i sałatę, na nie kładziemy kawałki łososia. Polewamy wszystko dressingiem i dodajemy kawałki mango.

Miejsce na twoje przepisy

Miejsce na twoje przepisy

Miejsce na twoje przepisy

Miejsce na twoje przepisy

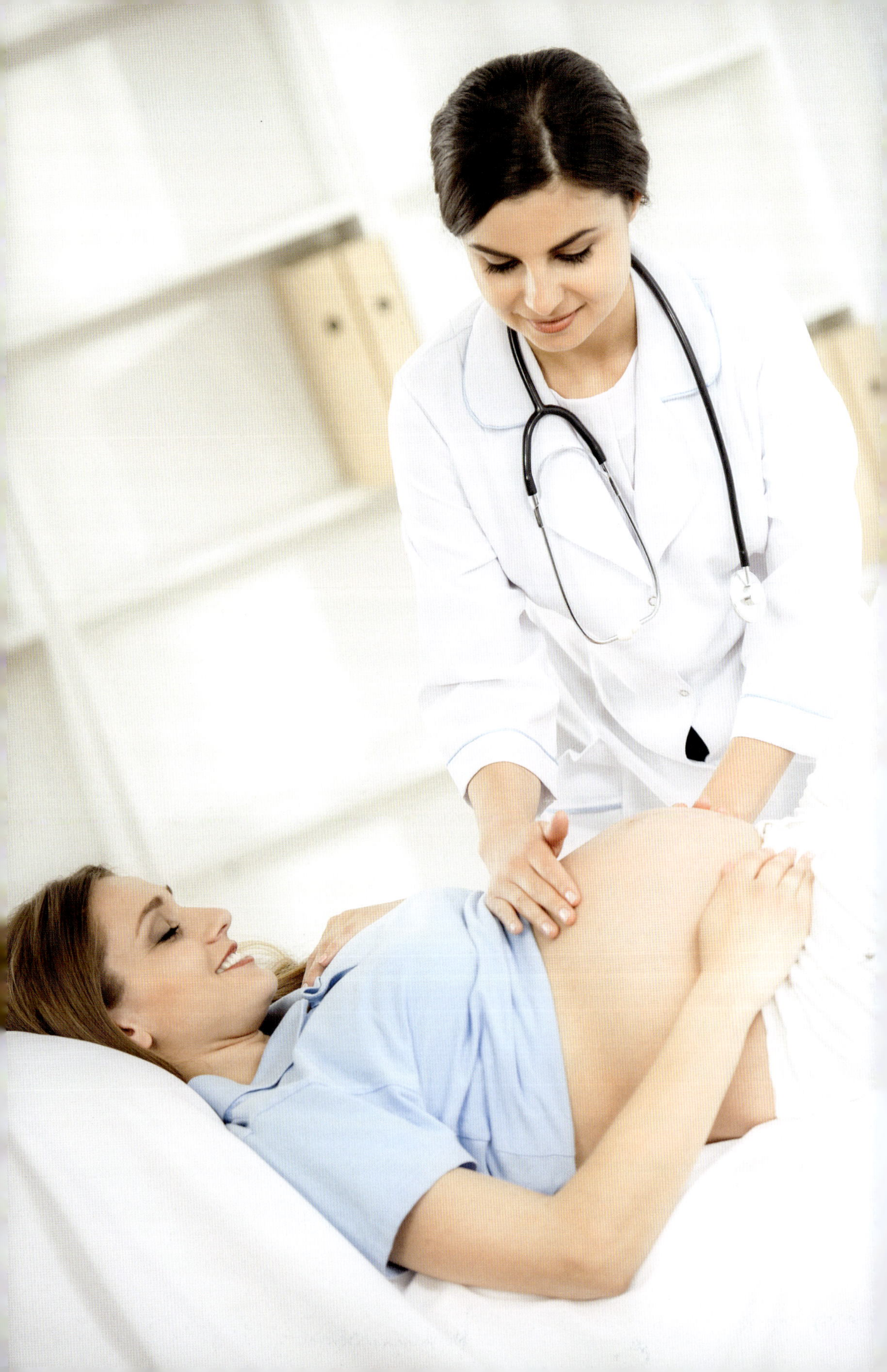

O przebiegu ciąży okiem położnej

KATARZYNA PŁAZA-PIEKARZEWSKA
www.zapytajpolozna.pl

Dwie kreski na teście ciążowym, potwierdzenie bicia serca podczas badania USG (ultrasonograficznego). Gratuluję, zostałaś mamą! Przed tobą kilkadziesiąt tygodni oczekiwania.

ILE FAKTYCZNIE TRWA CIĄŻA?

Potocznie mówi się, że ciąża trwa 9 miesięcy. To określenie nie jest poprawne. Ciąża trwa 280 dni. 10 miesięcy księżycowych. 40 tygodni. Dla lekarza i położnej będą ważne skończone tygodnie. Dlatego przy niektórych badaniach usłyszysz przykładowo: 10 tygodni plus 2 dni. Choć dla ciebie będzie to już 11 tydzień.

JAK WYLICZA SIĘ TERMIN PORODU?

Na pierwszej wizycie w kartę ciąży zostaje wpisany termin porodu. Data, której będziesz wyczekiwać. Tymczasem termin porodu może zostać wyliczony na podstawie dwóch zupełnie różnych metod i w związku z tym podawane daty będą się różnić. Ciężarne mówią czasami, że z ostatniej miesiączki mają wyliczony jakiś termin, a z badania USG – inny.

Pierwsza metoda obliczania terminu porodu to tzw. reguła Naegelego. Nazwa pochodzi od nazwiska niemieckiego położnika – Franza Karla Naegele, który wyliczał termin porodu, biorąc pod uwagę datę ostatniej miesiączki, zgodnie z równaniem:

Termin porodu =
pierwszy dzień ostatniej miesiączki + 7 dni - 3 miesiące + 1 rok

Reguła Naegelego zakłada, że cykl trwa 28 dni. Jeśli więc masz cykle dłuższe bądź krótsze, powinnaś dodać bądź odjąć różnicę dni. Przykładowo: jeśli twój cykl trwa 25 dni, odejmujesz od wyniku równania 3 dni, jeżeli 36 dni - dodajesz 8 dni. Należy przy tym pamiętać, że dziecko może przyjść na świat dwa tygodnie wcześniej bądź później.

Druga metoda określenia terminu porodu jest dużo bardziej precyzyjna. Około 6 tygodnia ciąży podczas badania USG określa się wielkość ciąży za pomocą długości CRL (długość ciemieniowo-siedzeniowa). Wyznaczona data porodu jest tu dokładniejsza o plus minus 6 dni.

O dzieciach urodzonych między 37 a 41 tygodniem ciąży mówimy, że są donoszone. Jeśli urodzą się przed 37 tygodniem, są to dzieci urodzone przedwcześnie (wcześniaki), natomiast powyżej 41 tygodnia ciąży - dzieci przenoszone. Co ciekawe, dzieci przenoszone mają tzw. rączki praczki. Ich skóra na dłoniach i stopach jest pomarszczona. Dokładnie tak jak u nas, kiedy zbyt długo siedzimy w wannie.

CZYM CHARAKTERYZUJĄ SIĘ TRYMESTRY CIĄŻY?

Okres ciąży podzielony jest na trzy trymestry, a każdy z nich przebiega nieco inaczej.

Pierwszy trymestr trwa do 13 tygodnia. Charakteryzuje się wczesnymi objawami ciąży. Pierwszym jest brak miesiączki. Bywa, że ten „klasyczny" objaw nie jest taki oczywisty, gdyż podczas zagnieżdżania się zarodka u niektórych kobiet pojawia się niewielkie krwawienie, co mylnie interpretują one jako miesiączkę. Kolejnymi objawami ciąży są nudności, senność, zmęczenie, wrażliwość na zapachy, wymioty (mogą utrzymywać się do 16 tygodnia ciąży, w skrajnych przypadkach dłużej).

W pierwszym trymestrze kobiety mają najczęściej zmienne nastroje: raz są pogodne, raz smutne, intensywność emocji w dużej mierze zależy od tego, czy ciąża jest pożądana. Bardzo mało mówi się o depresji podczas ciąży. Jeśli zaobserwujesz u siebie przygnębienie, długotrwały smutek, niemoc, pomyśl o skonsultowaniu się z psychologiem. Depresja może pojawić się podczas różnych etapów ciąży.

Wymiotujesz? Pamiętaj, żeby po torsjach przepłukać jamę ustną wodą. Ograniczysz wtedy niszczenie płytki nazębnej przez kwasy żołądkowe.

Drugi trymestr ciąży trwa od 14 do 26 tygodnia. Zwany jest „miesiącami miodowymi". Brzmi obiecująco i tak jest. W tym czasie niebezpieczeństwo poronienia bardzo spada, a dokuczliwe objawy ciąży już ustąpiły bądź lada moment ustąpią. Kobiety czują się zazwyczaj dobrze i wyczekują ruchów dziecka. W literaturze podaje się, że pierwiastka (czyli kobieta, które zostanie mamą po raz pierwszy) zaczyna czuć ruchy dziecka około 20 tygodnia ciąży, natomiast wieloródka (kobieta, która oczekuje kolejnego dziecka) nawet już około 16 tygodnia. Pierwsze ruchy są opisywane jak trzepotanie w brzuchu, delikatne puknięcia. Bywa, że kobiety mają wątpliwości, czy to aby na pewno dzieje się w brzuchu i związane jest z dzieckiem. Z czasem ruchy robią się intensywniejsze i bardziej jednoznaczne.

Jeśli chodzi o senność, to w drugim trymestrze najczęściej wszystko wraca do normy. Rosnący brzuszek może jednak sprawiać trudność w dobrym ułożeniu się do snu. Gorąco polecam rogale do spania, czyli długie poduszki (à la banan), które podpierają głowę, brzuszek i kolana. Są naprawdę świetne. Uwaga! Niektórzy panowie potrafią je zabrać.

Jest to dobry czas na wybranie szkoły rodzenia i położnej środowiskowej. Od 21 tygodnia ciąży każdej przyszłej mamie przysługują bezpłatne spotkania. Warto z tej możliwości skorzystać. Spotkania są indywidualne i dostosowane do potrzeb przyszłej mamy.

W drugim trymestrze koniecznie odwiedź też lekarza stomatologa. To idealny moment na ewentualne leczenie zębów.

Trzeci trymestr trwa od 27 do 40 tygodnia. Określa się go jako „syndrom wicia gniazda". Kobiety zaczynają szykować dom na przyjęcie nowego członka rodziny. To w tym czasie pojawiają się też lęki związane z porodem, narodzinami, tym, jak to będzie. Wzrasta niepokój o zdrowie własne i potomka. Jakość snu się pogarsza, niektóre kobiety budzą się kilka razy w nocy, często ma się chęć na drzemkę w ciągu dnia.

ILE POWINNO SIĘ PRZYTYĆ W CIĄŻY?

W ciąży warto zwracać uwagę na przybieranie na wadze. Maksymalnie masa ciała powinna się zwiększyć o 11–16 kilogramów, a jeśli spodziewasz się bliźniaków – o 16–20 kilogramów. Trzeba tu także wziąć pod uwagę wyjściową wagę sprzed ciąży: jeśli miałaś nadwagę, powinnaś przybrać mniej niż podane wyżej wartości, przy niedowadze – nieco więcej.

CO Z ĆWICZENIAMI W TRAKCIE CIĄŻY?

Jeśli przyszła mama uprawiała sporty przed ciążą, powinna je kontynuować, zmieniając jedynie i dostosowując tempo ćwiczeń do obecnego stanu zdrowia. Jeśli rozpoczyna przygodę z ćwiczeniami w trakcie ciąży, musi to robić stopniowo.

Do aktywności fizycznej przyszłe mamy bardzo zachęca również Amerykańskie Kolegium Położników i Ginekologów (ACOG). Należy jednak pamiętać, by przed podjęciem aktywności fizycznej, skonsultować się z lekarzem.

Trzeba zwracać uwagę na to, jak się czujemy w trakcie aktywności fizycznej. Jeśli poczujemy dyskomfort, wykonując ćwiczenie, przerwijmy je. W pierwszym trymestrze kluczowe jest nieprzegrzewanie organizmu. Stąd tak ważne odpowiednie dostosowanie ćwiczeń do danego okresu ciąży i zrezygnowanie ze sportów ekstremalnych (np. jazda na nartach) oraz kontaktowych (np. piłka nożna, koszykówka, siatkówka).

Więcej o aktywności fizycznej przeczytasz w części napisanej przez Natalię Gacką-Dressler. Ze swojej strony gorąco zachęcam do ćwiczeń. Jedną z korzyści związanych z aktywnością fizyczną podczas ciąży jest poprawa nastroju, co uważam za cudowny skutek uboczny.

CO SIĘ DZIEJE Z PARTNEREM W OKRESIE OCZEKIWANIA?

Kiedy partnerka oczekuje dziecka, u panów może się pojawić tzw. syndrom kuwady (inaczej zespół couvade, od francuskiego słowa *couver* – „wysiadywać"). Oznacza to, że są oni bardzo zaangażowani w ciążę, uczestniczą w zajęciach szkoły rodzenia, towarzyszą partnerkom podczas badań itd. Syndrom kuwady charakteryzuje się między innymi odczuwaniem zachcianek, zwiększonym apetytem oraz występowaniem nudności. Pojawia się najczęściej w pierwszym i ostatnim trymestrze ciąży. Objawy ustępują z chwilą narodzin dziecka.

CZY POŁOŻNA MOŻE PROWADZIĆ CIĄŻĘ?

Tak, położna może prowadzić ciążę fizjologiczną, czyli przebiegającą prawidłowo. Od stycznia 2017 roku takie wizyty odbywają się bezpłatnie, choć w placówkach bez kontraktu z NFZ usługa jest odpłatna.

Korzyścią z prowadzenia ciąży u położnej są między innymi dłuższe wizyty kontrolne. W trakcie ciąży obowiązkowo odbywają się też konsultacje z lekarzem ginekologiem. Jeśli pojawią się jakiekolwiek niepokojące objawy lub wyniki badań są nieprawidłowe, wymagana jest dodatkowa konsultacja z lekarzem.

CO TO JEST EPIGENETYKA?

Kolokwialnie można powiedzieć, że masz większy wpływ na swoje rozwijające dziecko, niż ci się wydaje. Naukowcy odkryli, że podczas ciąży kobiety są w stanie „włączyć" bądź „wyłączyć" geny u potomka. Oczywiście to duże uproszczenie. Natomiast dbając o siebie, pilnując prawidłowego odżywiania, przyjmując kwas foliowy, ćwicząc w ciąży itd., masz wpływ na rozwój dziecka. Poza tym, dbając o dziecko, dbasz również o siebie.

Wybór położnej oraz szkoły rodzenia

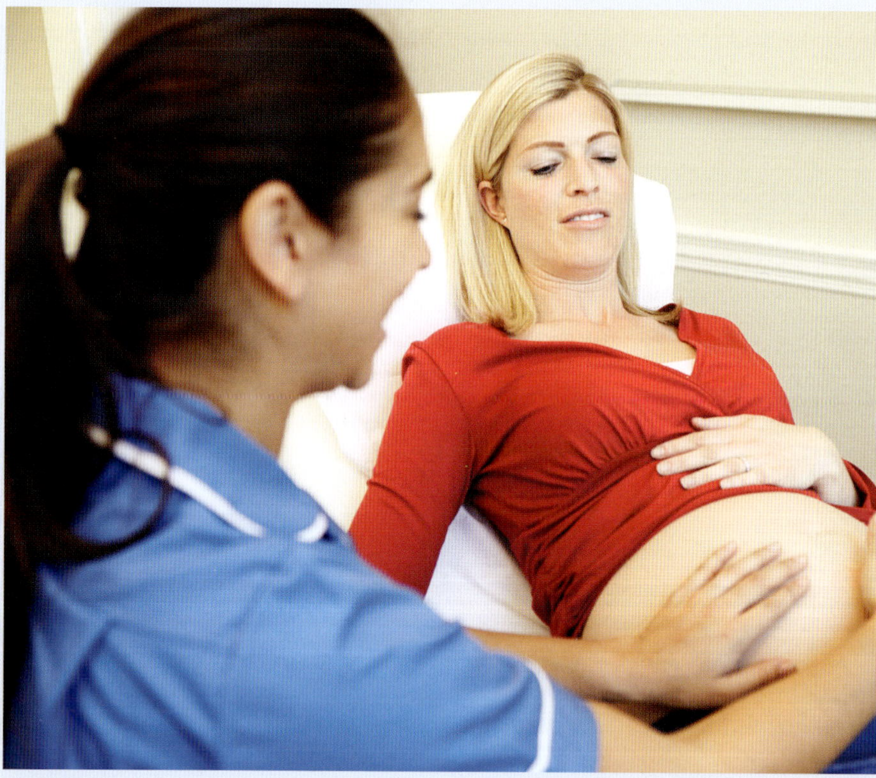

Poprzednio opowiedziałam o licznych zmianach zachodzących w ciele i głowie kobiety oczekującej dziecka. Radość przeplata się z lękiem o życie swoje i potomka. W tej części znajdziesz informacje, u kogo i gdzie warto szukać wiedzy, żeby przygotować się do rodzicielstwa.

KIM JEST POŁOŻNA I GDZIE JĄ SPOTKASZ?

Położna sprawuje opiekę nad kobietą w każdym okresie życia, choć najczęściej kojarzy się z osobą przyjmującą porody. Pewnie cię zaskoczę, ale z położną możesz się spotkać w okresie, gdy starasz się o dziecko. Mało osób wie, że jeśli ciąża przebiega prawidłowo, może być prowadzona również u położnej. Wizyty kontrolne są wtedy znacznie dłuższe – trwają około 40 minut.

Położną spotkasz między innymi w przychodni, szpitalu bądź prowadzącą własną indywidualną praktykę.

JAK WYBIERA SIĘ POŁOŻNĄ?

Położną środowiskową najczęściej wybiera się w przychodni, która znajduje się blisko miejsca zamieszkania. Warto wcześniej się z nią spotkać i porozmawiać – zyskasz pewność, że dobrze się z nią rozumiesz, zobaczysz, czy wzbudza zaufanie. Jeśli położna z jakichś względów ci się nie spodoba, możesz wybrać inną w tym samym miejscu bądź w zupełnie innym.

Gdy zdecydujesz się na określoną położną, musisz wypełnić „Deklarację wyboru położnej podstawowej opieki zdrowotnej". Raz w roku możesz bezpłatnie zmienić ten wybór.

KIEDY SPOTKANIA EDUKACYJNE Z POŁOŻNĄ?

Od 21 tygodnia ciąży kobieta ma możliwość skorzystania z tzw. spotkań edukacyjnych z położną. Do 31 tygodnia ciąży są to spotkania raz w tygodniu, po 32 tygodniu – można umawiać się na dwa w tygodniu. Podczas rozmowy są poruszane te tematy, które interesują przyszłą mamę. Mogą to być kwestie związane z ciążą, przygotowaniem do porodu, karmieniem piersią bądź omówienie lęków czy bieżących spraw, które się pojawiły.

INDYWIDUALNA OPIEKA POŁOŻNEJ W TRAKCIE PORODU

Możesz wybrać położną, która przyjmie twoje dziecko na świat. Obecnie za taką indywidualną opiekę trzeba dodatkowo zapłacić. Położna przyjeżdża specjalnie do twojego porodu i sprawuje opiekę tylko nad tobą. Masz kontakt z nią jeszcze przed porodem. Gdy coś cię niepokoi albo zastanawiasz się, czy już trzeba jechać do szpitala, dzwonisz właśnie do niej.

Niestety, może się zdarzyć, że w dniu porodu twoja położna nie będzie mogła przyjechać do szpitala. Oczywiście na oddziale położniczym są inne położne, najczęściej jednak mają one pod opieką więcej niż jedną rodzącą. Służą pomocą, dbają o ciebie, ale bywa, że nie mogą poświęcić ci tyle czasu, ile oczekujesz.

KIEDY WARTO ZAPISAĆ SIĘ DO SZKOŁY RODZENIA?

Czas rozpoczęcia kursu w szkole rodzenia przypada na 25–27 tydzień ciąży. Dostępne są różnej długości szkolenia. Warto wziąć pod uwagę termin porodu i zapisać się na kurs tak, żeby skończyć szkołę około 5 tygodni przed spodziewanym porodem.

DLACZEGO WARTO SKORZYSTAĆ Z ZAJĘĆ SZKOŁY RODZENIA?

Podczas ciąży zwykle czytamy różne poradniki. To dobrze, pamiętajmy jednak, że nic nie zastąpi rozmowy z profesjonalistami i z innymi przyszłymi rodzicami. Zalet kursu w szkole rodzenia jest mnóstwo, m.in.:

- zweryfikujesz przeczytane informacje z profesjonalistami,
- poznasz inne osoby w podobnej sytuacji,
- przygotujesz się do rodzicielstwa,
- dostaniesz wsparcie od innych osób z grupy,
- otrzymasz odpowiedzi na swoje pytania.

Tematy poruszane w szkole rodzenia mają:

- przygotować do narodzin dziecka,
- pomóc wybrać miejsce narodzin,
- przygotować do porodu,
- przedstawić sposoby na łagodzenie bólu porodowego,
- przybliżyć przebieg porodu,

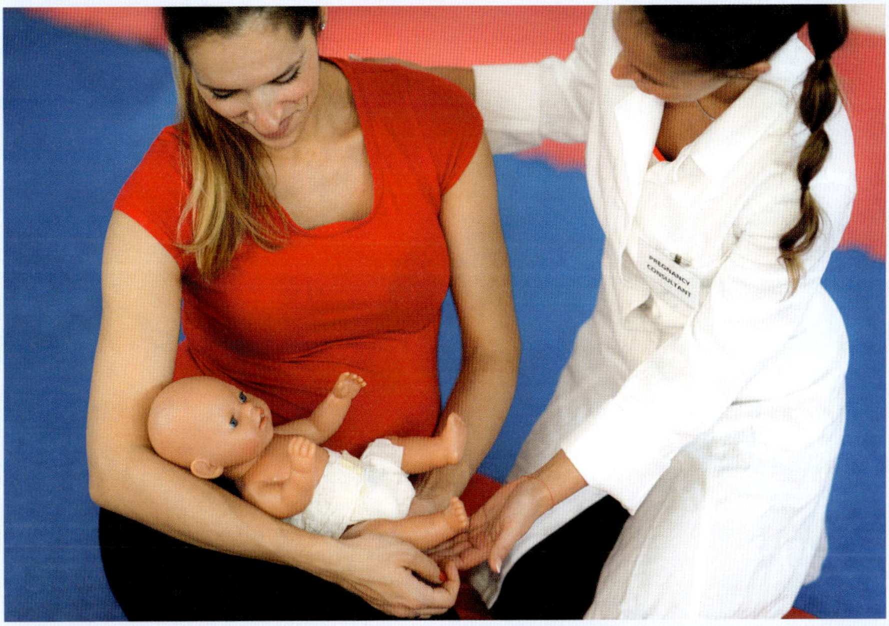

- przygotować osobę towarzyszącą do wspierania w trakcie porodu,
- omówić przebieg połogu,
- zapoznać z fenomenem mleka kobiecego i karmienia piersią,
- przygotować do pielęgnowania i opiekowania się noworodkiem.

Wybierając szkołę rodzenia, dobrze jest zwrócić uwagę na to:
- czy jest do niej dobry dojazd,
- jaki jest program kursu,
- kto prowadzi zajęcia,
- ile trwa cykl.

Są szkoły rodzenia, których cykl trwa 10 tygodni, lub takie, które prowadzą zajęcia w 5-tygodniowych sesjach. Są również szkoły weekendowe. Można też skorzystać z zajęć indywidualnych. Jeśli z jakichś przyczyn partner nie może wziąć udziału w zajęciach, możesz do szkoły zabrać mamę, przyjaciółkę lub inną bliską osobę.

Przemyślenia, nurtujące cię pytania, zauważone zmiany warto również omawiać z wybraną przez siebie położną środowiskową. W Polsce jest możliwość korzystania z tzw. spotkań edukacyjnych w trakcie ciąży, o których wspominałam wcześniej.

Jak przygotować się do narodzin dziecka

Choć zabrzmi to banalnie, narodziny dziecka są rewolucją zarówno dla kobiety, mężczyzny, jak i ich związku. Warto więc wcześniej przygotować się do tej wielkiej zmiany.

JAK MOŻNA PRZYGOTOWAĆ SIĘ DO NARODZIN DZIECKA?

Najlepiej w różnorodny sposób, inny na każdym etapie ciąży:

- czytając poradniki,
- korzystając ze szkoły rodzenia,
- biorąc udział w spotkaniach edukacyjnych z położną,
- rozpisując indywidualny plan porodu,
- angażując partnera w przygotowania,
- wybierając osobę towarzyszącą do porodu,
- mądrze pakując torbę do szpitala,
- wybierając dobrze miejsce narodzin.

INDYWIDUALNY PLAN PORODU

Bardzo ważne jest zrobienie indywidualnego planu porodu. Cóż to takiego? Rodzaj dokumentu, w którym kobieta zawiera wszystkie swoje oczekiwania wobec porodu. Najlepiej wypełniać go z położną. Dlaczego? Ponieważ od razu można skonsultować kwestie natury medycznej.

WYBÓR MIEJSCA PORODU

Przygotowując plan porodu, krystalizują się zazwyczaj potrzeby odnośnie miejsca narodzin dziecka. Może się okazać, że przyszła mama nie akceptuje żadnej procedury medycznej. Wtedy idealnym miejscem porodu będzie **dom**. Żeby rodzić w domu, trzeba jednak spełniać bardzo rygorystyczne kryteria, ciąża musi przebiegać fizjologicznie.

Jeśli przyszła mama nie chce urodzić w domu, może wybrać **dom narodzin**. Znajdują się one w niedalekim sąsiedztwie szpitala; bywa, że niemalże z nim sąsiadują lub nawet są na jego terenie. Taka sytuacja jest o tyle korzystna, że narodziny przypominają wtedy poród w domu, natomiast w chwili zagrożenia życia, transfer rodzącej do szpitala odbywa się bardzo szybko.

Można jako miejsce rodzenia wybrać **szpital położniczy**. Różnią się one stopniem referencyjności. Jedne są przystosowane do przyjmowania porodów fizjologicznych, inne mają zaplecze w postaci oddziału patologii noworodka (drugi stopień referencyjności), a najbardziej zaawansowane są wyposażone również w oddziały intensywnej terapii noworodka. Niektóre szpitale zapewniają korzystanie z wanny w trakcie porodu i oferują poród w wodzie. Tylko znając swoje oczekiwania odnośnie porodu i narodzin, uda się wybrać najbardziej odpowiednie miejsce.

Warto w trakcie ciąży zorientować się, gdzie w okolicy zamieszkania można rodzić. Najlepiej wybrać dwa miejsca. Jedno traktować jako plan A, drugie jako plan B. Dlaczego? Ponieważ w skrajnych wypadkach może się okazać, że przyjęcie do pierwszego miejsca nie jest możliwe. Wtedy warto wiedzieć, dokąd udać się w zamian.

KOGO WYBRAĆ NA OSOBĘ TOWARZYSZĄCĄ?

Być może zawołasz w myśli: „To oczywiste, że będzie wtedy ze mną mój partner" albo, wręcz przeciwnie, pomyślisz: „Będę rodzić sama".

Wyobraź sobie, że poród to udział w maratonie (narodziny dziecka często są do niego porównywane). Czy chciałabyś w nim uczestniczyć całkowicie samotnie, czy raczej wolałabyś mieć emocjonalne wsparcie: kogoś, kto poda ci wodę, wesprze dobrym słowem, a gdy zrobi ci się słabo, pomoże? Spotykam kobiety, które rodzą z mamą, teściową, siostrą lub przyjaciółką, ale oczywiście najwięcej takich, które rodzą z partnerem.

Warto pamiętać, że partner, który ma brać udział w porodzie, musi tego chcieć. Jeśli robi to „na siłę", czyli osobiście nie jest do tego pomysłu przekonany, nie będzie z niego pożytku podczas tych ważnych chwil. Może warto w takim wypadku ustalić, że partner spróbuje być z tobą w trakcie porodu, ale jeśli uzna, że nie jest pomocny, będzie mógł wyjść, a zastąpi go wówczas inna osoba (wcześniej ustalona)?

Jeśli nie ma osoby, która mogłaby tobie i partnerowi towarzyszyć w trakcie porodu, możecie skorzystać z odpłatnego wsparcia douli. Doula (z greckiego kobieta „która służy") to osoba, która w profesjonalny sposób wspiera fizycznie i emocjonalnie nie tylko rodzącą, ale też, gdy trzeba, towarzyszącego jej partnera.

Badania wykazały, że kobiety rodzące z osobą towarzyszącą, w której mają wsparcie, szybciej przechodzą poród i rzadziej korzystają ze środków farmakologicznych uśmierzających ból. Sam poród rzadziej kończy się wtedy zabiegowo bądź cięciem cesarskim. Dlatego gorąco polecam porody z osobą towarzyszącą. Jeśli osobą tą nie będzie partner, to ją zabierzmy na zajęcia w szkole rodzenia dotyczące samego porodu.

Co się dzieje podczas porodu

Jakie sygnały wysyła ciało, świadczące o tym, że rozwiązanie już blisko? Co znaczy, że poród zbliża się wielkimi krokami? W jakich sytuacjach powinnaś udać się do szpitala? O tym przeczytasz poniżej.

JAKIE SYMPTOMY ŚWIADCZĄ O ZBLIŻAJĄCYM SIĘ PORODZIE?

Do najczęstszych zwiastunów porodu należą:

- obniżenie się brzucha (kobiety opisują to w ten sposób, że „poczuły, jak brzuch im opadł", „lepiej mi się oddycha"),
- pojawienie się skurczy przepowiadających (nie powodują postępu porodu, po prostu macica ćwiczy, przygotowując się w ten sposób do narodzin dziecka),
- odejście czopu śluzowego (wydzieliny o galaretowatej lepkiej konsystencji, która może być podbarwiona krwią),
- pojawienie się pobolewania w dole brzucha, podobnego do tych, które mamy przy miesiączce.

Powyższe symptomy mogą się pojawić, ale nie muszą. Może wystąpić tylko ich część. Przykładowo niektóre kobiety nie kojarzą, żeby odszedł im czop śluzowy. Mógł „wypłynąć" razem z wodami płodowymi.

KIEDY NALEŻY ZGŁOSIĆ SIĘ DO SZPITALA?

W terminie porodu należy się zgłosić na izbę przyjęć, by wykonać badanie KTG. Sprawdza się podczas niego czynność serca dziecka oraz czynność skurczową macicy. Czasami podczas badania można wywnioskować, że dziecko śpi. Zwykle próbuje się wtedy je obudzić, prosząc ciężarną o poruszanie brzuszkiem, zmianę pozycji lub zjedzenie czegoś słodkiego. Jeśli wynik badania jest dobry, kobieta wraca do domu, umawiając się na kolejną wizytę kontrolną.

W trybie pilnym do szpitala należy jechać, gdy:

- pojawia się krwawienie z dróg rodnych; ważne, żeby rozróżnić, czy mamy do czynienia z plamieniem, czy z krwawieniem: plamienie to niewielka ilość wydzieliny, która może się pojawić przy odejściu czopu śluzowego, natomiast krwawienie jest silniejsze, przypomina krew miesiączkową,

- odpłynie płyn owodniowy w kolorze zielonym, zabarwiony krwią, albo żółtym.
- czujesz nagły jednostajny punktowy ból.

Do szpitala musisz się zgłosić, kiedy:
- poczujesz, że dziecko mniej się rusza bądź rusza się bardzo gwałtownie (gwałtowniej niż dotychczas),
- poczujesz się zaniepokojona tym, jak czujesz dziecko,
- odpłynie płyn owodniowy; zwróć uwagę na jego kolor: prawidłowy jest przezroczysto-białomleczny, oraz godzinę odpłynięcia (najlepiej ją zapisz); masz 3–6 godzin na dotarcie do szpitala,
- skurcze, które odczuwasz, pojawiają się regularnie; jeśli rodzisz po raz pierwszy, zwróć uwagę, co ile się pojawiają; jeśli co 5 minut, jedź do szpitala. Jeżeli spodziewasz się kolejnego dziecka, wybierz się do szpitala, gdy skurcze są co 10 minut. Zwróć uwagę, czy skurcze słabną, a jeśli tak, to w jakiej pozycji: siedzącej, leżącej czy stojącej. Jeśli nie słabną, jedź do szpitala.

JAK SPRAWDZIĆ, CZY SKURCZE SĄ PRZEPOWIADAJĄCE, CZY PORODOWE?

Weź ciepły prysznic. Skurcze przepowiadające przeminą, skurcze porodowe będą trwać, mogą się nasilać i być coraz częstsze. Wtedy jedź do szpitala.

CO SIĘ STANIE PO PRZYJEŹDZIE DO SZPITALA?

Jeśli zbyt szybko przyjedziesz do szpitala lub wizyta w nim będzie dla ciebie stresująca, czynność skurczowa może wyhamować. Wtedy na zapisie KTG pojawią się słabe skurcze albo nie będzie ich wcale. Takie zjawisko zwie się efektem izby przyjęć. W porodzie bardzo ważną rolę odgrywa oksytocyna, hormon miłości. To właśnie dzięki niemu pojawiają się skurcze. Kiedy pod wpływem stresu wydzielana jest adrenalina, zmniejsza się poziom oksytocyny, skurcze zaczynają więc słabnąć. Dlatego zachęcam do odwiedzenia wybranego szpitala przed porodem, żeby troszkę ten stres zminimalizować. Jeśli będziesz wiedziała, gdzie znajduje się izba przyjęć, jak wygląda rozkład szpitala, będzie ci łatwiej.

Jeśli szpital działa na ciebie paraliżująco, a ciąża przebiega fizjologicznie, rozważ poród w domu bądź w domu narodzin. Listę położnych przyjmujących porody w domu znajdziesz na stronie: www.dobrzeurodzeni.pl.

CZY ZDĄŻĘ DO SZPITALA?

Pierwszy poród na ogół trwa dość długo, od 5 do 15 godzin, kolejne przebiegają szybciej - od 4 do 8 godzin. Trzeba jednak pamiętać, że to sprawa indywidualna.

CO WARTO ZROBIĆ PRZED WYJAZDEM DO SZPITALA?

Zjeść coś lekkostrawnego. Dlaczego? Ponieważ najczęściej w polskich salach porodowych można tylko pić wodę. Dopiero po narodzinach dziecka przychodzi czas na posiłek.

Do szpitala należy zabrać torbę z osobistymi rzeczami. Najlepiej spakować ją około 6 tygodni przed terminem porodu.

O CO WARTO ZADBAĆ W SZPITALU?

Jeśli masz wcześniej przygotowany plan porodu, koniecznie weź go ze sobą. W szpitalu zostanie ci przydzielona położna. Warto, żebyś nawiązała z nią dobry kontakt, porozmawiała nie tylko o swojej wizji porodu, ale też o lękach. Im lepiej położna będzie znała twoje oczekiwania, tym łatwiej pomoże ci w trakcie porodu.

JAK PRZEBIEGA PORÓD?

Poród składa się z czterech okresów. Każdy ma ściśle określoną rolę do spełnienia.

Pierwszy okres porodu. Za jego początek uznaje się regularną czynność skurczową, za koniec - pełne, czyli 10-centymetrowe, rozwarcie szyjki macicy. W tej fazie warto być aktywnym, na przykład chodzić, ponieważ przyspiesza to rozwiązanie. Nie tylko ty jako kobieta masz robotę do wykonania, dziecko również czeka dużo pracy i spora odległość do pokonania.

Skurcze są niczym fale - przypływają i odpływają. Pamiętaj, żeby podczas skurczu skupiać się na oddychaniu. Ważne jest, by nabierać powietrza nosem i dłużej wydychać je ustami. W ten sposób uwalniasz z ciała napięcie. Być może będziesz chciała wydawać różne dźwięki. Postaraj się wsłuchać w swoje ciało i podążać za instynktem. Kobiety rodzą od zarania dziejów i ta sztuka drzemie w każdej z nas. Ważne jest, żeby sobie zaufać.

Gdy czujesz, że skurcz odpływa, weź głęboki oddech. Przerwę międzyskurczową potraktuj jako czas na relaks. Podczas porodu możesz poczuć się senna. Wykorzystaj ten moment i postaraj się odpocząć.

Trudnym momentem jest tzw. kryzys 7 centymetra. Kobieta jest już bliżej mety niż dalej, traci jednak wiarę we własne siły, pojawiają się myśli, że nie da się rady. Takie odczucia świadczą o tym, że drugi okres porodu jest już blisko. Niestety pod koniec porodu mogą pojawiać się myśli, dlaczego to tak długo trwa.

Drugi okres porodu. Trwa od pełnego rozwarcia szyjki macicy do urodzenia się dziecka, około 2 godzin. W tym czasie ważne jest wsłuchiwanie się we własne ciało. Będziesz odczuwać ogromną potrzebę parcia. Od położnej dostaniesz sygnał, czy główka dziecka jest odpowiednio ustawiona. Dlaczego to takie ważne? Jeśli dziecko będzie prawidłowo ustawione, a ty zaczniesz przeć, pomożesz mu się urodzić.

Jeśli dopadnie cię chwila zwątpienia, położna może zaproponować, żebyś dotknęła główki dziecka. Niektóre kobiety potrzebują poczuć, że zaraz zobaczą swoje dziecko. Wtedy łatwiej im zebrać siły na ostatnie parcie. W tym czasie bardzo ważna jest współpraca między tobą a położną. Ważne, żebyś zwracała uwagę, co mówi położna: czy masz oddychać, czy przeć. W zależności od sytuacji możesz rodzić na ochronę krocza bądź zostanie ono nacięte.

Kiedy urodzi się główka dziecka, reszta ciała rodzi się stosunkowo szybko. Noworodek ląduje na twoim brzuchu. Nazywamy ten czas kontaktem „skóra do skóry". Powinien on trwać około 2 godzin i zakończyć się karmieniem piersią. Noworodek jest osuszany i opatulany wcześniej przygotowanymi ręcznikami bądź kocykami.

Trzeci okres porodu. Trwa od urodzenia dziecka do urodzenia łożyska, czyli kilkanaście minut. W tym czasie tata bądź inna osoba towarzysząca

może przeciąć pępowinę. Kiedy położna widzi, że łożysko odkleiło się od ścian macicy i jest gotowe do urodzenia, prosi ostatni raz, żebyś parła. Następnie oglądane są krocze i szyjka macicy. Jeśli krocze zostało nacięte, jest zszywane.

Czwarty okres porodu. To czas obserwacji kobiety i dziecka. Może trwać 2 godziny, jeśli poród był fizjologiczny (naturalny), lub 4 godziny - przy komplikacjach. Jeśli wszystko jest w porządku z mamą i z dzieckiem, w tym czasie pozwala się na kontakt „skóra do skóry".

DLACZEGO KONTAKT „SKÓRA DO SKÓRY" JEST WAŻNY?

Badania naukowe potwierdzają wiele korzyści, jakie daje kontakt „skóra do skóry". Matka czuje się wtedy bardziej kompetentna, wzmacnia się więź między nią a dzieckiem, inicjowane jest rozpoczęcie karmienia piersią. Noworodek natomiast:

- czuje się bezpieczniej,
- ogrzewa się ciałem matki,
- jego ciało kolonizuje przyjazna flora bakteryjna matki,
- zmniejsza się u niego stres po narodzinach.

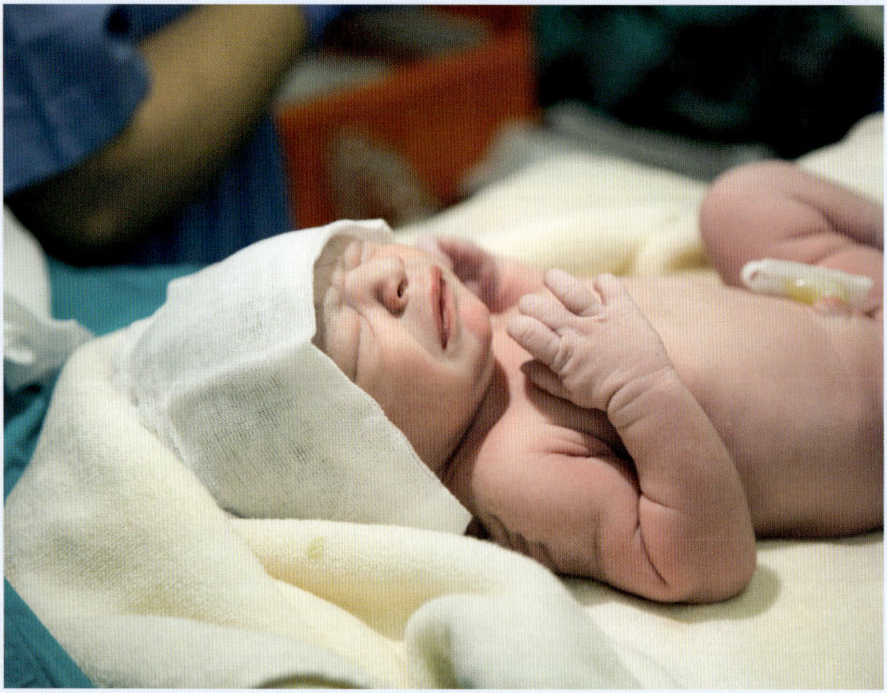

JAKIE SĄ KORZYŚCI Z PORODU NATURALNEGO DLA DZIECKA?

Ciało dziecka, przechodząc przez kanał rodny, zostaje wymasowane. W życiu płodowym w płucach dziecka znajduje się płyn, który częściowo zostaje wyciśnięty podczas przeciskania się przez kanał rodny. Dziecko kolonizuje się przyjazną florą bakteryjną od matki.

DLACZEGO WYKONUJE SIĘ CIĘCIE CESARSKIE?

Cięcie cesarskie jest operacją chirurgiczną, którą wykonuje się ze wskazań medycznych. Jeśli podczas ciąży są zalecenia do rozwiązania tą metodą, operację wykonuje się w trybie planowym, w ustalonym terminie. Cesarkę wykonuje się także w trybie nieplanowym, kiedy poród z różnych przyczyn trzeba zakończyć właśnie w taki sposób, przykładowo, gdy trzeba ratować życie matki lub dziecka.

Należy pamiętać, że cięcie cesarskie jest operacją chirurgiczną. Dlatego powinno być wykonywane tylko w sytuacji absolutnie koniecznej. Pierwotnie stosowano je wyłącznie przy zagrożeniu życia, dziś wykorzystuje się, kiedy występuje ryzyko pojawienia się powikłań przy porodzie naturalnym.

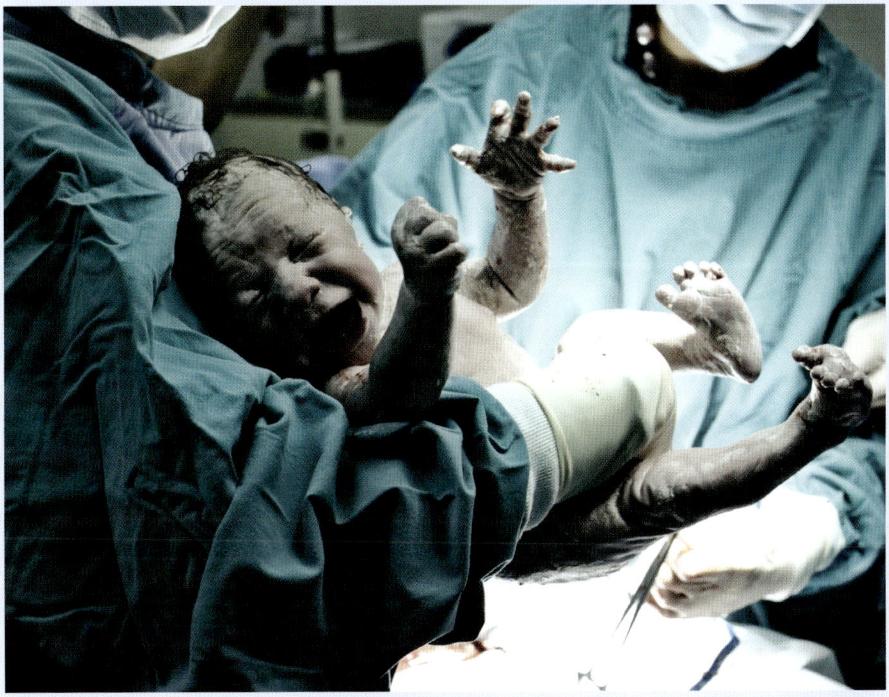

Tak jest na przykład, kiedy w badaniu USG szacowana waga dziecka wynosi powyżej 4,5 kg. W takim wypadku trzeba wziąć pod uwagę budowę kobiety i kształt jej miednicy. Jeśli widoczne są dysproporcje, mówimy o niewspółmierności porodowej, a to oznacza, że poród drogami natury byłby ryzykowny. Kobieta otrzymuje wtedy wskazanie do cięcia cesarskiego.

Cięcie cesarskie jest wykonywane planowo, gdy:

- występuje nieprawidłowa budowa miednicy kostnej,
- łożysko jest centralnie przodujące,
- dziecko ułożone jest w macicy skośnie, poprzecznie lub pośladkowo (u wieloródek można podjąć próbę porodu naturalnego),
- rodząca ma aktywną opryszczkę narządów płciowych,
- przy niektórych wadach dziecka (np. przepuklinie przedniej ściany brzucha),
- występują poważne choroby matki zarówno przed, jak i w trakcie ciąży (np. kardiologiczne: III i IV stopień niewydolności krążenia w skali NYHA),
- masa ciała dziecka wynosi powyżej 4,5 kg w stosunku do budowy kobiety.

Wskazania do wykonania cięcia cesarskiego podczas porodu:

- zagrażająca zamartwica płodu (w trakcie porodu obserwuje się m.in. spadki czynności serca dziecka),
- sytuacja zagrożenia życia matki lub płodu,
- brak postępu porodu: kiedy poród trwa bardzo długo, a nie widać jego postępu (szyjka macicy się nie rozwiera albo dziecko nie obniża się i nie wstawia do kanału rodnego).

POSTĘPOWANIE PRZY PLANOWYM CIĘCIU CESARSKIM

W szpitalu zapisujesz się na konkretny termin cięcia cesarskiego. Zazwyczaj trzeba się zgłosić dzień wcześniej, by zostać przygotowanym do operacji. Czeka cię przyjęcie do szpitala przez izbę przyjęć. Lekarz anestezjolog przeprowadzi z tobą wywiad lekarski. Zazwyczaj rano przed operacją wykonuje się wlew doodbytniczy (lewatywę).

JAK PRZEBIEGA CIĘCIE CESARSKIE?

Na sali operacyjnej kobieta jest znieczulana, wprowadzany jest cewnik Foleya do pęcherza moczowego, zakładany wenflon (jeśli nie został założony wcześniej), którym będą podawane leki i kroplówki. Brzuch jest golony w miejscu nacięcia, pole operacyjne myte środkiem odkażającym. Najczęściej nacięcie na brzuchu wykonywane jest nad spojeniem łonowym w linii poprzecznej. Dziecko po urodzeniu jest owijane w jałową serwetę i pokazywane mamie. W tym czasie z pomocą lekarza rodzi się łożysko. Kobieta jest zszywana. Jeśli jest możliwość, następuje kontakt „skóra do skóry".

W trakcie cięcia cesarskiego mogą być stosowane różne rodzaje znieczulenia:

- zewnątrzoponowe lub podpajęczynówkowe: są to znieczulenia przewodowe/kanałowe podawane do kręgosłupa; różnią się czasem trwania; przy takich znieczuleniach kobieta jest przytomna, wszystko słyszy i widzi, jest natomiast odrętwiała od brzucha do nóg,
- ogólne: stosowane niezwykle rzadko; kobieta jest pod całkowitą narkozą, można powiedzieć, że w trakcie operacji „śpi", nie wie, co się z nią dzieje.

Po cięciu cesarskim kobieta jest obserwowana. Następnie przewozi się ją na salę pooperacyjną, w której przebywa najczęściej wraz z dzieckiem. Co jest ważne? Żeby jak najszybciej dziecko zostało przystawione do piersi. Jeśli nie jest to możliwe na sali operacyjnej, warto o to poprosić na sali pooperacyjnej.

Zazwyczaj pierwszym posiłkiem po cesarce jest kleik. Ponieważ cięcie cesarskie jest operacją, obowiązuje dieta lekkostrawna. Ranę po cięciu cesarskim myje się wodą z mydłem (najlepiej szarym lub hipoalergicznym bezzapachowym) i dokładnie osusza. Należy też ją wietrzyć. Po około 6 dniach można usunąć szwy.

Co się dzieje z partnerem w trakcie cięcia cesarskiego? Są szpitale, w których przyszły tata może być obecny na sali operacyjnej. Jest sadzany przy głowie rodzącej, a kiedy dziecko się urodzi, może uczestniczyć przy czynnościach pielęgnacyjnych. Warto o to dopytać wcześniej.

Życzę ci cudownej podróży, jaką jest macierzyństwo i rodzicielstwo. W tym czasie znajdź też chwilę na wsłuchanie się w siebie. Pamiętaj, że czas spędzony z dzieckiem jest niepowtarzalny. Trwa chwilę. Jeśli będziesz chciała nosić swoje dziecko, noś je. Uwierz mi, pozwoli ci na to przez jakiś czas, a później będzie chciało samodzielnie pędzić do przodu.
Zapewne zdarzą ci się chwile zwątpienia, ale one przeminą. Pamiętaj też, że szczęśliwa mama, to szczęśliwe dziecko. Zadbaj więc o siebie. Gdy będziesz gotowa, wróć do aktywności fizycznej. Jeszcze raz życzę ci wszystkiego, co najlepsze.

Katarzyna Płaza-Piekarzewska

Twoje notatki i pytania do położnej

Twoje notatki i pytania do położnej

Polecamy również:

ZOSTAŃ FIT. NOWA TY W 180 DNI

Sześciomiesięczny plan ćwiczeń
dla osób trenujących w domu

DIETA FIT

Zasady racjonalnej diety
dla osób aktywnych fizycznie

CZAS NA FIT. PŁYTA DVD

Autorski trening mistrzyni świata w fitnessie

- 6 zestawów treningowych
- ponad 90 minut treningu